高等院校新形态一体化教材·物流类

智能物流设备与应用
（活页式教材）

主　编　余名宪
副主编　姜小明　董　毅

北京理工大学出版社
BEIJING INSTITUTE OF TECHNOLOGY PRESS

版权专有 侵权必究

图书在版编目（CIP）数据

智能物流设备与应用 / 余名宪主编. -- 北京：北京理工大学出版社，2022.8
ISBN 978-7-5763-1614-8

Ⅰ. ①智… Ⅱ. ①余… Ⅲ. ①智能技术-应用-物流管理-设备管理 Ⅳ. ①F252.9

中国版本图书馆 CIP 数据核字（2022）第 151662 号

出版发行 / 北京理工大学出版社有限责任公司	
社　　址 / 北京市海淀区中关村南大街 5 号	
邮　　编 / 100081	
电　　话 / （010）68914775（总编室）	
（010）82562903（教材售后服务热线）	
（010）68944723（其他图书服务热线）	
网　　址 / http：//www.bitpress.com.cn	
经　　销 / 全国各地新华书店	
印　　刷 / 河北盛世彩捷印刷有限公司	
开　　本 / 787 毫米×1092 毫米　1/16	
印　　张 / 15.25	责任编辑 / 钟　博
字　　数 / 405 千字	文案编辑 / 钟　博
版　　次 / 2022 年 8 月第 1 版　2022 年 8 月第 1 次印刷	责任校对 / 周瑞红
定　　价 / 52.80 元	责任印制 / 施胜娟

图书出现印装质量问题，请拨打售后服务热线，本社负责调换

前　　言

　　中国经济进入了高质量发展的新时代，一方面劳动力成本上升，使物流业中机器取代人工成为趋势，另一方面人们对美好生活的向往，带来了对物流的柔性化与个性化需求，推动物流系统向资源整合、全面优化、协同共享、敏捷响应的方向发展，也对智慧物流提出了更高要求。

　　在智慧物流时代，强调通过大数据、云计算、智能硬件等智慧化技术与手段，提高物流系统感知、学习和思维的能力，提升整个物流系统的智能化、自动化水平，从而降低物流成本、提高作业效率。智慧物流的发展加速了物流装备行业的转型升级，物联网、大数据、人工智能的应用使物流装备的自动化、智能化程度越来越高，成为打造智慧物流系统的核心要素。

　　从物流行业发展与企业应用上看，无论是物流企业（如京东物流、顺丰速运、菜鸟物流、苏宁物流等），还是生产、销售企业的物流系统（如华为、亚马逊等），均在如火如荼地进行智慧物流装备应用布局，其以无人仓、无人车、无人机为代表，使物流操作的自动化、智能化、智慧化程度越来越高。

　　智慧物流设备越来越多地应用于企业物流实践之中，是当前物流发展的重要趋势之一。从物流人力资源现状来看，当前企业工作人员对于智慧物流装备的基本理论知识还不够了解，对智慧物流设备的操作、使用、维护等还不够熟悉，还不能很好地适应当前物流设备的发展应用需求。因此，迫切需要补充和更新智慧物流设备理论知识，培养具备智慧物流设备操作、使用、维护基本技能的专业人才。

　　本书在内容组织与安排上具有以下特点。

　　（1）以工作任务为导向，强调学生主动参与、教师指导引领，实现教、学、做一体化的教学模式。

　　（2）内容通俗易懂，图文并茂，形式新颖活泼，并以二维码的方式融入智慧物流新技术的应用视频与案例，学生可以通过扫描二维码观看相应资源，随扫随学,激发学生自主学习的兴趣,实现高效课堂。

(3)在任务设置中融入思政教育。智慧物流设备与应用的内容设置中有很多关于分类、结构特点、选型的内容,可以乘势开展思政教育,讲解职业道德、传统历史文化、团队精神、责任意识等,激发学生的专业自豪感、爱国情怀,培养学生求真务实、精益求精的工匠精神,以及踏实严谨、耐心专注、吃苦耐劳等优秀品质。

本书由8个项目、23个任务组成。项目一为"现代智能物流",项目二为"自动化仓库设备与应用",项目三为"智能装卸搬运设备与应用",项目四为"智能拣选设备与应用",项目五为"智能分拣输送设备与应用",项目六为"智能运输设备与应用",项目七为"智能配送设备与应用",项目八为"智能港口设备与应用"。

本书由余名宪担任主编,由姜小明、董毅担任副主编,叶芳香等人参与编写。

在编写本书时,编者查阅、参考和引用了许多相关的资料,从中得到很多教益和启发,在此一并对这些资料的作者表示深切的谢意。

由于理论水平、实践经验和时间因素的制约,书中难免存在不妥之处,敬请各位专家和广大读者提出宝贵意见和建议,以便进一步修订和完善。

编 者
2022 年 2 月

目　　录

项目一　现代智能物流 ·· 001

　　任务一　认识智能物流 ·· 001
　　任务二　认识物联网智能物流系统 ·· 011
　　任务三　智能物流设备 ·· 020

项目二　自动化立体仓库设备与应用 ·· 031

　　任务一　认识自动化立体仓库 ·· 031
　　任务二　料箱式自动化立体仓库 ··· 042
　　任务三　旋转货架式自动化仓库 ··· 051
　　任务四　堆垛机 ··· 064
　　任务五　穿梭车 ··· 074

项目三　智能装卸搬运设备与应用 ··· 087

　　任务一　叉车 ·· 087
　　任务二　装载机 ··· 100

项目四　智能拣选设备与应用 ··· 109

　　任务一　电子标签拣选系统 ··· 109
　　任务二　智能拣选 AGV 机器人 ·· 118

项目五　智能分拣输送设备与应用 ··· 129

　　任务一　自动分拣设备 ·· 129
　　任务二　自动输送设备 ·· 138
　　任务三　AGV 分拣机器人 ··· 147

项目六　智能运输设备与应用 ··· 155

　　任务一　智能网联汽车 ·· 155

任务二　无人驾驶轨道列车 ……………………………………………………… 166

项目七　智能配送设备与应用 …………………………………………………… 175
　　任务一　智能快递柜 ……………………………………………………………… 175
　　任务二　无人配送车 ……………………………………………………………… 186
　　任务三　无人机 …………………………………………………………………… 199

项目八　智能港口设备与应用 …………………………………………………… 207
　　任务一　走进智慧港口 …………………………………………………………… 207
　　任务二　起重机械设备与应用 …………………………………………………… 216
　　任务三　集装箱装卸搬运设备与应用 …………………………………………… 226

参考文献 ………………………………………………………………………………… 237

项目一　现代智能物流

任务一　认识智能物流

任务目标

通过本任务的学习，可以达成以下目标。

学习目标	（1）理解智能物流的概念及功能； （2）掌握智能物流系统的概念； （3）熟悉智能物流的主要技术； （4）明确智能物流的发展现状及发展趋势； （5）了解智能物流的应用。
素质目标	树立物流数字化、智能化意识。

任务引领

21世纪是智能化的时代，智能物流开始出现雏形，包括智能仓储物流管理、智能冷链物流管理、智能集装箱和运输管理、智能危险品物流管理、智能电子商务物流等。基于以上背景，2008年德国不来梅大学实验室将智能物流的基本特征总结为精准化、智能化和协同化。

阿里巴巴集团学术委员会主席曾鸣提出："当未来有1 000万快递物流人员的时候，我们到底用什么样的方式让他们发挥更大的价值，甚至当无人驾驶取代更多人工的时候，人类创造力利用什么方式发挥出来？"

请同学们结合本节课所学知识，借助互联网查阅资料，总结智能物流的特征、发展现状及发展趋势等。

智能物流动画演示

问题引导

引导问题 1：什么是智能物流？智能物流的特征是什么？

引导问题 2：智能物流在日常生活中具体有哪些应用？尝试举例说明。

知识准备

本任务知识图谱如图 1-1-1 所示。

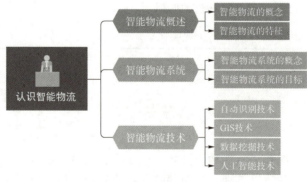

图 1-1-1　项目一任务一知识图谱

一、智能物流概述

1. 智能物流的概念

智能物流是利用集成智能化技术，使物流系统模仿人的智能，具有思维、感知、学习、推理判断和自行解决物流中某些问题的能力。智能物流的未来发展将会体现出 4 个特点：智能化、一体化和层次化、柔性化、社会化。在物流作业过程中实现大量运筹与决策的智能化；以物流管理为核心，实现物流过程中运输、存储、包装、装卸等环节的一体化和智能物流系统的层次化;智能物流的发展会更加突出"以顾客为中心"的理念,根据消费者需求的变化来灵活调节生产工艺;智能物流的发展将会促进区域经济的发展和世界资源优化配置,实现社会化。智能物流系统的4个智能机理,即信息的智能获取技术、智能传递技术、智能处理技术、智能运用技术。

2. 智能物流的特征

1)智能化

智能物流系统能够模拟人的思维解决物流问题。其核心特征是借助信息技术、人工智能、商务智能、管理智能、自动识别和控制、运筹学和专家系统,智能化地获取、传递、处理、利用信息和知识,从而能够模拟人的思维进行感知、学习、推理和判断。

2)集成化

智能物流系统中集成了许多现代化技术来满足运作需要。

3)物流过程自动化

智能运输系统(Intelligent Transportation System,ITS)、全球定位系统(Global Positioning System,GPS)、地理信息系统(Geographic Information System,GIS)、电子商务(Electronic Commerce,EC)等现代技术必须与自动化的物流设施及设备配套使用。依托自动识别、自动检测、自动分拣、自动存取、物品自动跟踪及信息诱导等技术对物流信息进行实时采集和跟踪。

4)信息化——实时物流信息的传播、存储、处理

信息化即物流信息收集的数据化、代码化,物流信息处理的电子化,物流信息传递的网络化、标准化、实时化,物流信息存储的数据化。

5)网络化——物流设施、业务、信息的网络化

通过计算机网络、物联网(Internet of Things,IoT)、电子订货系统、电子数据交换系统等工具将物流配送中心与其上游供应商和下游客户建立起有机联络,以保证信息畅通。

6)柔性化——具有环境适应能力的动态系统

以客户为中心,满足客户多品种、小批量、短周期的要求。

学一学

扫描二维码查看智能物流的功能。

二、智能物流系统

1. 智能物流系统的概念

智能物流系统是一个在ITS的基础上,电子商务化运作的物流服务体系。它通过ITS解决物流作业的实时信息采集,并对采集的信息进行分析和处理。通过在各个物流环节中的信息传输,为货主提供详细的信息和咨询服务。在电子商务的运营环境下为客户提供增值性物流服务。

2. 智能物流系统的目标

一方面是对物流企业本身进行过程重组，另一方面是在电子商务的运营环境下，为客户提供从前所不能提供的增值性物流服务，从而增强物流服务的便利性，加快反应速度和降低服务成本，延伸企业在供应链中上、下游的业务。

世界顶级
智能物流系统

三、智能物流技术

智能物流技术主要有自动识别技术、GIS 技术、数据挖掘技术、人工智能技术等。

1. 自动识别技术

自动识别技术是以计算机、光、机、电、通信等技术的发展为基础的一种高度自动化的数据采集技术。它通过应用一定的识别装置，自动地获取被识别物体的相关信息，并提供给后台的处理系统来完成相关后续处理的一种技术。它能够帮助人们快速而又准确地进行海量数据的自动采集和输入，在运输、仓储、配送等方面已得到广泛的应用。经过近 30 年的发展，自动识别技术已经发展成为由条码识别技术、智能卡识别技术、光字符识别技术、射频识别技术、生物识别技术等组成的综合技术，并正在向集成应用的方向发展。条码识别技术是使用最广泛的自动识别技术，它是利用光电扫描设备识读条码符号，从而实现信息自动录入，如图 1-1-2 所示。

图 1-1-2 条码识别技术

2. GIS 技术

GIS 是打造智能物流的关键技术与工具，使用 GIS 技术可以构建物流"一张图"，将订单信息、网点信息、送货信息、车辆信息、客户信息等数据都在"一张图"中进行管理，实现快速智能分单、网点合理布局、送货路线合理规划、包裹监控与管理。

> **学一学**
>
> 扫描二维码查看 GIS 技术的应用以及发展趋势。
>
>

3. 数据挖掘技术

数据仓库出现在 20 世纪 80 年代中期，它是一个面向主题的、集成的、非易失的、时变的数据集合。数据仓库的目标是把来源不同的、结构相异的数据经加工后在其中存储、提取和维护,它支持全面的、大量的复杂数据的分析处理和高层次的决策支持。数据仓库使用户拥有任意提取数据的自由,而不干扰业务数据库的正常运行。

数据挖掘是从大量的、不完全的、有噪声的、模糊的及随机的实际应用数据中,挖掘出隐含的、未知的、对决策有潜在价值的知识和规则的过程,如图1-1-3所示。数据挖掘包括描述型和预测型两种。描述型数据挖掘包括数据总结、聚类及关联分析等。预测型数据挖掘包括分类、回归及时间序列分析等,其目的是通过对数据的统计、分析、综合、归纳和推理,揭示事件间的相互关系,预测未来的发展趋势,为企业的决策者提供决策依据。

图 1-1-3　数据挖掘

4. 人工智能技术

人工智能就是探索研究用各种机器模拟人类智能的途径,使人类的智能得以物化与延伸的一门学科,如图1-1-4所示。人工智能的思想是用数学语言抽象描述知识,用以模仿生物体系和人类的智能机制,主要方法有神经网络、进化计算和粒度计算3种。

图 1-1-4　人工智能

1) 神经网络

神经网络是在生物神经网络研究的基础上模拟人类的形象直觉思维,根据生物神经元和生物神经网络的特点,通过简化、归纳,提炼总结出来的一类并行处理网络。神经网络的主要功能主要有联想记忆、分类聚类和优化计算等。虽然神经网络具有结构复杂、可解释性差、训练时间长等缺点,但其对噪声数据的高承受能力和低错误率的优点,以及各种网络训练算法如网络剪枝算法和规则提取算法的不断提出与完善,使神经网络在数据挖掘中的应用越来越为广大使用者所青睐。

2）进化计算

进化计算是模拟生物进化理论而发展起来的一种通用的问题求解的方法。因为进化计算来源于自然界的生物进化，所以它具有自然界生物所共有的极强的适应性特点，这使它能够解决那些难以用传统方法解决的复杂问题。进化计算采用了多点并行搜索的方式，通过选择、交叉和变异等进化操作，反复迭代，在个体的适应度值的指导下，使每代进化的结果都优于上一代，如此逐代进化，直至产生全局最优解或全局近优解，如图1-1-5所示。

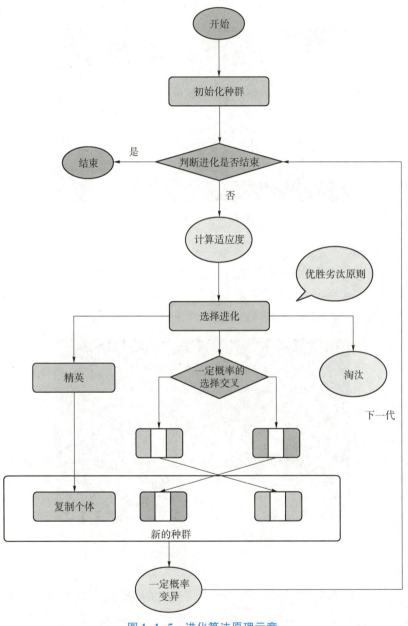

图1-1-5　进化算法原理示意

3）粒度计算

早在1990年，我国著名学者张钹和张铃就进行了关于粒度问题的讨论，并指出"人类智能的一个公认的特点，就是人们能从极不相同的粒度上观察和分析同一问题。人们不仅能在不同粒度的世界上进行问题的求解,而且能够很快地从一个粒度世界跳到另一个粒度世界,往返自如,毫无困难"。

任务实施

看!智能物流
搬运"黑科技"

步骤一:分析智能物流的发展现状

(1) 请查阅网络资料,分析、总结目前智能物流行业的发展现状。

(2) 请搜集智能物流的相关资料,分析、总结智能物流发展的影响因素。

步骤二:阐述智能物流的应用

查阅国内外领先的物流企业在智能物流技术方面的应用,以一个企业为例进行举例阐述。

步骤三:描述智能物流的发展趋势

利用现代化手段搜集智能物流的相关资料,畅想未来物流的场景,描述智能物流的发展趋势。

任务评价

学生自评表

班级		姓名		学号	
任务名称		认识智能物流			
评价项目（占比）		评价标准		分值	得分
考勤（10%）		无故旷课、迟到、早退（出现一次扣10分）		10	
		请假（出现一次扣2分）			
学习能力（10%）	合作学习能力	小组合作参与程度（优6分，良4分，一般2分，未参与0分）		6	
	个人学习能力	个人自主探究参与程度（优4分，良2分，未参与0分）		4	
工作过程（60%）	智能物流的发展现状	能查找、搜集智能物流的发展现状（每错一处扣1分）		10	
		能分析、总结智能物流的发展现状（每错一处扣2分）		10	
	智能物流的应用	能查阅、收集国内外领先的物流企业在智能物流技术方面的应用（每错一处扣1分）		5	
		能准确描述领先的物流企业在智能物流技术方面的应用（每错一处扣1分）		5	
	智能物流的发展趋势	能根据搜集的资料畅想未来智能物流的场景（每错一处扣5分）		15	
		能结合现有技术及物流行业的发展描述智能物流的发展趋势（每错一处扣5分）		15	
工作成果（20%）	成果完成情况	能按规范及要求完成任务环节（未完成一处扣2分）		10	
	成果展示情况	能准确展示常见的智能快递柜汇总表及智能快递柜操作流程（失误一次扣5分）		10	
得分					

小组自评表

班级		本组组别					
本组成员名单	组长： 组员：						
任务名称		认识智能物流					
评价项目（占比）		评价标准	分值	组别			
				得分	得分	得分	得分
考勤（10%）		无故旷课、迟到、早退（出现一次扣10分）	10				
		请假（出现一次扣2分）					
学习能力（10%）	合作学习能力	小组合作参与程度（优6分，良4分，一般2分，未参与0分）	6				
	个人学习能力	个人自主探究参与程度（优4分，良2分，未参与0分）	4				

续表

评价项目（占比）	评价标准		分值	组别				
				得分	得分	得分	得分	得分
工作过程（60%）	智能物流的发展现状	能查找、搜集智能物流的发展现状（每错一处扣1分）	10					
		能分析、总结智能物流的发展现状（每错一处扣2分）	10					
	智能物流的应用	能查阅、收集国内外领先的物流企业在智能物流技术方面的应用（每错一处扣1分）	5					
		能准确描述领先的物流企业在智能物流技术方面的应用（每错一处扣1分）	5					
	智能物流的发展趋势	能根据搜集的资料畅想未来智能物流的场景（每错一处扣5分）	15					
		能结合现有技术及物流行业的发展描述智能物流的发展趋势（每错一处扣5分）	15					
工作成果（20%）	成果完成情况	能按规范及要求完成任务环节（未完成一处扣2分）	10					
	成果展示情况	能准确展示常见的智能快递柜汇总表及智能快递柜操作流程（失误一次扣5分）	10					
得分								

教师评价表

任务名称		认识智能物流				
授课信息						
班级		组别		姓名		学号

评价项目（占比）	评价标准		分值	得分
考勤（10%）	无故旷课、迟到、早退（出现一次扣10分）		10	
	请假（出现一次扣2分）			
学习能力（10%）	合作学习能力	小组合作参与程度（优6分，良4分，一般2分，未参与0分）	6	
	个人学习能力	个人自主探究参与程度（优4分，良2分，未参与0分）	4	
工作过程（60%）	智能物流的发展现状	能查找搜集智能物流的发展现状（每错一处扣1分）	10	
		能分析总结智能物流的发展现状（每错一处扣2分）	10	
	智能物流的应用	能查阅收集国内外领先的物流企业在智能物流技术方面的应用（每错一处扣1分）	5	
		能准确描述领先的物流企业在智能物流技术方面的应用（每错一处扣1分）	5	
	智能物流的发展趋势	能根据搜集的资料畅想未来智能物流的场景（每错一处扣5分）	15	
		能结合现有技术及物流行业的发展描述智能物流的发展趋势（每错一处扣5分）	15	
工作成果（20%）	成果完成情况	能按规范及要求完成任务环节（未完成一处扣2分）	10	
	成果展示情况	能准确展示常见的智能快递柜汇总表及智能快递柜操作流程（失误一次扣5分）	10	
得分				

综合评价表

班级		姓名		学号	
自评得分（20%）	小组互评得分（20%）		教师评价得分（60%）		综合得分

评语：

反思总结

在本任务的学习过程中，遇到了哪些困难？这些困难是如何解决的？

任务二 认识物联网智能物流系统

任务目标

通过本任务的学习,可以达成以下目标。

学习目标	(1) 理解物联网的概念、功能和特点; (2) 掌握物联网的基本架构; (3) 了解智能物流系统的技术基础; (4) 明确智能物流系统的结构及工作原理; (5) 了解物联网在智能物流中的应用。
素质目标	树立数据共享与协调统一的意识,培养正确的社会发展观。

任务引领

物流行业是物联网技术最早应用并普及的行业,物流行业是物联网发展的一个风向标。京东最早是通过自建物流体系支撑京东商城的物流。随着物联网的发展,网络化制造的普及,物流成为基础的服务,京东物流将其物流体系的服务能力提供给社会,形成基础的物流服务能力,并将物流服务接口与制造业的接口打通,不仅为大众服务,还为制造企业提供物流服务。

在数字经济时代,物流行业在以下领域值得关注:物流行业会进一步下沉成为基础的服务,在数字经济时代,物流行业如何进一步分工,形成全新的数字经济时代的全新的物流生态体系;如何实现数据治理规则,数据成为新的生产要素之后,如何构建数据治理规则,促进数据共享,充分挖掘数据效率。

物联网技术将加速物流行业数字化转型,同时物流行业也将成为其他行业数字化转型的一个灯塔行业。

请同学们结合本任务所学知识,借助互联网查阅资料,思考物联网的起源、特征与功能、基本架构及智能物流系统的结构。

新一代物联网宣传片

问题引导

引导问题1:什么是物联网?在你的生活中,物联网的应用情境有哪些?

引导问题2：物联网在智能物流中具体有哪些应用？尝试举例说明。

知识准备

本任务的知识图谱如图1-2-1所示。

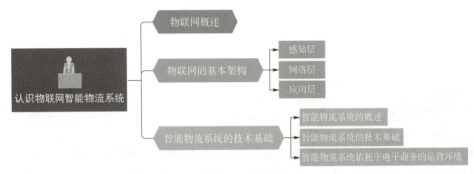

图1-2-1　项目一任务二的知识图谱

一、物联网概述

物联网是指通过各种信息传感器、射频识别、全球定位系统、红外感应器、激光扫描器等各种装置与技术，实时采集任何需要监控、连接、互动的物体或过程，采集其声、光、热、电、力学、化学、生物、位置等各种需要的信息，通过各类可能的网络接入，实现物与物、物与人的泛在连接，实现对物品和过程的智能化感知、识别和管理，如图1-2-2所示。物联网是一个基于互联网、传统电信网等的信息承载体，它让所有能够被独立寻址的普通物理对象形成互连互通的网络。

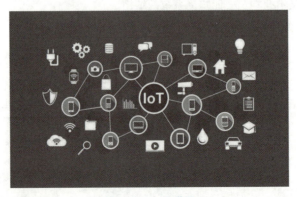

图1-2-2　物联网

物联网即"万物相连的互联网",是在互联网的基础上延伸和扩展的网络,它将各种信息传感设备与网络结合起来而形成一个巨大的网络,实现任何时间、任何地点的人、机、物的互连互通。

物联网是新一代信息技术的重要组成部分,在IT行业中又被称为泛互联,意指物物相连,万物万联。由此,"物联网就是万物相连的互联网"包含两层意思:第一,物联网的核心和基础仍然是互联网,是在互联网的基础上延伸和扩展的网络;第二,其用户端延伸和扩展到了任何物品与物品之间,进行信息交换和通信。因此,物联网的定义是通过射频识别、红外感应器、全球定位系统、激光扫描器等信息传感设备和技术,按约定的协议,把任何物品与互联网连接,进行信息交换和通信,以实现对物品的智能化识别、定位、跟踪、监控和管理的一种网络。

什么是物联网?

思政园地

物联网技术在物流领域的应用

物流是物联网技术最重要的应用领域之一,物联网技术是实现智慧物流的基础。物流业作为国民经济发展的支柱产业,要实现进一步增长,满足越来越高的物流需求,实现智慧物流,必须依赖物联网技术的全面应用。

商务部下发的《关于智慧物流配送体系建设的实施意见》明确指出,智慧物流配送体系是一种以互联网、物联网、云计算、大数据等先进信息技术为支撑,在仓储、配送、流通加工、信息服务等各个物流环节实现系统感知、全面分析、及时处理和自我调整等功能的现代综合性物流系统,具有自动化、智能化、可视化、网络化、柔性化等特点。

也就是说,要以物联网技术为基础,以信息化、智能化设备为载体,全面推动物流业与制造业、商贸业的融合,物流与商流、信息流、资金流的融合,互联网、移动互联网、物联网与车联网的融合,从而提高效率、降低成本,提升物流业综合服务能力和整体发展水平。

物联网技术在物流领域中的应用主要如下。

(1)电子商务+物联网。

(2)车联网+物联网。

车联网借助物联网技术,已经初步实现了运输过程的透明化、可视化管理,以及货运资源的优化与整合配置,从而提升运输、装载效率,实现货物的实时跟踪与追溯管理。物联网技术实现了货运资源、车辆资源、卡车司机和卡车后市场消费信息的全方位融合。

(3)智能制造+物联网。

随着智能制造、工业4.0的推进,制造业对物流信息化、自动化、智能化的要求越来越高,纷纷在物流系统中采用物联网技术,尤其是传感器和智能控制技术的应用最多。智能制造除了要求物流系统的智能化,还需要与生产线匹配,进行无缝对接,实现信息系统的互连互通。

随着物联网技术在物流领域应用的逐步深入,物联网与云计算、大数据、移动互联网等现代信息技术将不断融合,多种不同的物联网技术也将得到集成应用。

由此,现在互联网衍生出很多新的应用和新的事物,已经远远超出了人们过去的认知。不要一味地坚持自己的想法而放弃倾听其他人的观点。要树立数据共享意识,放弃偏执,通过交流,获取别人的数据和知识,结合自己的认识,做进一步的决策。

二、物联网的基本架构

当前较为公认的物联网的基本架构包括 3 个逻辑层，即感知层、网络层、应用层。

1. 感知层

感知层处于物联网的最底层，传感器系统、标识系统、卫星定位系统以及相应的信息化支撑设备（如计算机硬件、服务器、网络设备、终端设备等）组成了感知层的最基础部件，其功能主要是采集包括各类物理量、标识、音频和视频数据等在内的物理世界中发生的事件和数据。

2. 网络层

网络层由各种私有网络、互联网、有线和无线通信网、网络管理系统等组成，它在物联网中起到信息传输的作用，主要用于对感知层和应用层之间的数据进行传递，它是连接感知层和应用层的桥梁。

3. 应用层

应用层主要包括云计算、云服务和模块决策，其功能有两方面：一是完成数据的管理和数据的处理；二是将这些数据与各行业的信息化需求相结合，实现广泛智能化应用的解决方案。

此外，围绕物联网的 3 个逻辑层，还存在一个公共技术层。公共技术层包括标识与解析、安全技术、网络管理和服务质量（QOS）管理等具有普遍意义的技术，它们被同时应用在物联网技术架构的其他 3 个层次，如图 1-2-3 所示。

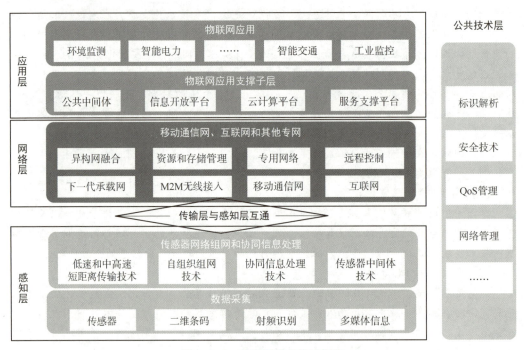

图 1-2-3　物联网技术体系框架

三、智能物流系统的技术基础

1. 智能物流系统的概念

智能物流系统的概念见本项目任务一。

2. 智能物流系统的技术基础

ITS 协助物流配送管理，提供当前道路交通信息、路线诱导信息，为物流业优化运输制订方案提供可靠依据。

通过对车辆位置状态的实时跟踪，向物流业或客户提供车辆预计达到时间。智能物流系统的基本构成如图 1-2-4 所示。

图 1-2-4　智能物流系统的基本构成

3. 智能物流系统依托于电子商务的运营环境

现代物流致力于仓储、加工、配送等环节的智能化，优化电子商务系统的配送中心及物流中心网络，设计适合电子商务的物流渠道，简化物流过程，提高物流系统的快速反应能力。电子商务和智能物流系统的关系如图 1-2-5 所示。

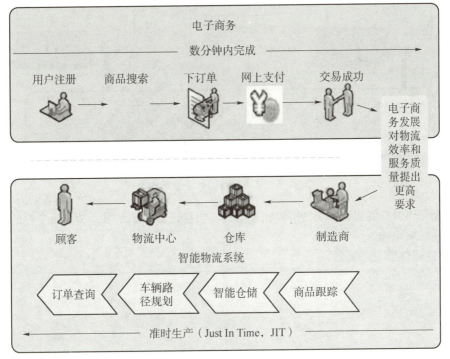

图 1-2-5　电子商务和智能物流系统的关系

任务实施

步骤一：认识物联网

请结合所学习的知识总结物联网的特征与功能。

步骤二：分析智能物流系统的结构

智能物流系统按功能分为产品跟踪子系统、智能决策支持系统、智能仓储信息子系统、智能运输信息子系统、智能配送信息子系统、智能包装信息子系统、智能流通加工信息子系统、智能装卸搬运信息子系统等。智能物流信息传输系统示意如图1-2-6所示。

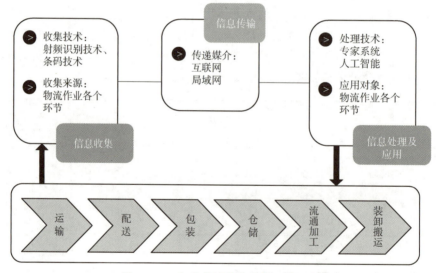

图 1-2-6　智能物流信息传输系统示意

请根据给出的智能物流系统的构成和智能物流信息传输系统示意，结合所学习的知识总结智能物流系统的结构。

1. 智能运输信息子系统

2. 智能配送信息子系统

3. 智能仓储信息子系统

4. 智能流通加工信息子系统

任务评价

学生自评表

班级		姓名		学号		
任务名称		认识物联网智能物流系统				
评价项目（占比）		评价标准			分值	得分
考勤（10%）		无故旷课、迟到、早退（出现一次扣10分）			10	
		请假（出现一次扣2分）				
学习能力（10%）	合作学习能力	小组合作参与程度（优6分，良4分，一般2分，未参与0分）			6	
	个人学习能力	个人自主探究参与程度（优4分，良2分，未参与0分）			4	
工作过程（60%）	认知物联网	能查找、梳理物联网的起源（每错一处扣1分）			10	
		能准确总结物联网的特征及功能（每错一处扣2分）			10	
	分析智能物流系统的结构	能准确总结智能物流系统的结构（每错一处扣1分）			5	
		能理解智能物流系统各结构的工作原理（每错一处扣1分）			5	
	物联网在智能物流中的应用	能查找、梳理智能物流技术的特点和工作原理（每错一处扣5分）			15	
		能准确总结物联网在智能物流中的应用（每错一处扣5分）			15	
工作成果（20%）	成果完成情况	能按规范及要求完成任务环节（未完成一处扣2分）			10	
	成果展示情况	能准确展示智能物流系统的结构以及物联网在智能物流中的应用（失误一次扣5分）			10	
		得分				

小组自评表

班级			本组组别					
本组成员名单	组长： 组员：							
任务名称			认识物联网智能物流系统					
评价项目 （占比）		评价标准		分值	组别			
					得分	得分	得分	得分
考勤 （10%）		无故旷课、迟到、早退（出现一次扣10分）		10				
		请假（出现一次扣2分）						
学习能力 （10%）	合作学习能力	小组合作参与程度（优6分，良4分，一般2分，未参与0分）		6				
	个人学习能力	个人自主探究参与程度（优4分，良2分，未参与0分）		4				
工作过程 （60%）	认知物联网	能查找、梳理物联网的起源（每错一处扣1分）		10				
		能准确总结物联网的特征及功能（每错一处扣2分）		10				
	分析智能物流系统的结构	能准确总结智能物流系统的结构（每错一处扣1分）		5				
		能理解智能物流系统各结构的工作原理（每错一处扣1分）		5				
	物联网在智能物流中的应用	能查找、梳理智能物流技术的特点和工作原理（每错一处扣5分）		15				
		能准确总结物联网在智能物流中的应用（每错一处扣5分）		15				
工作成果 （20%）	成果完成情况	能按规范及要求完成任务环节（未完成一处扣2分）		10				
	成果展示情况	能准确展示智能物流系统的结构以及物联网在智能物流中的应用（失误一次扣5分）		10				
		得分						

教师评价表

任务名称		认识物联网智能物流系统				
授课信息						
班级		组别		姓名		学号
评价项目 （占比）		评价标准			分值	得分
考勤 （10%）	无故旷课、迟到、早退（出现一次扣10分）				10	
	请假（出现一次扣2分）					

续表

评价项目（占比）		评价标准	分值	得分
学习能力（10%）	合作学习能力	小组合作参与程度（优6分，良4分，一般2分，未参与0分）	6	
	个人学习能力	个人自主探究参与程度（优4分，良2分，未参与0分）	4	
工作过程（60%）	认知物联网	能查找、梳理物联网的起源（每错一处扣1分）	10	
		能准确总结物联网的特征及功能（每错一处扣2分）	10	
	分析智能物流系统的结构	能准确总结智能物流系统的结构（每错一处扣1分）	5	
		能理解智能物流系统各结构的工作原理（每错一处扣1分）	5	
	物联网在智能物流中的应用	能查找、梳理智能物流技术的特点和工作原理（每错一处扣5分）	15	
		能准确总结物联网在智能物流中的应用（每错一处扣5分）	15	
工作成果（20%）	成果完成情况	能按规范及要求完成任务环节（未完成一处扣2分）	10	
	成果展示情况	能准确展示智能物流系统的结构以及物联网在智能物流中的应用（失误一次扣5分）	10	
		得分		

综合评价表

班级		姓名		学号	
自评得分（20%）	小组互评得分（20%）		教师评价得分（60%）		综合得分

评语：

反思总结

在本任务的学习过程中，遇到了哪些困难？这些困难是如何解决的？

任务三　智能物流设备

任务目标

通过本任务的学习，可以达成以下目标。

学习目标	（1）了解物流设备的概念与类型； （2）掌握智能物流设备的概念与特征； （3）掌握智能物流设备的体系构成； （4）熟悉智能物流设备的应用现状与发展趋势。
素质目标	树立"科技兴国"的意识，培养民族自豪感和自尊心。

任务引领

2020年新冠肺炎疫情防控期间，要最大限度地阻止病毒传播，关键是减少人与人之间的接触。为了降低传染风险，各大电商平台和快递公司纷纷推出了"无接触式配送"，无人配送车、无人机、无人仓、医院物流机器人等纷纷上岗。

京东无人配送车为武汉市第九医院运送医疗物资，打通面向定点医院的"最后一公里"；苏宁无人仓以 AGV 系统为核心载体，以控制与调度平台为大脑，结合无人叉车、自动包装机、机械臂等无人设备，组成了高效安全的"战疫"团队，保障居民居家隔离购物无忧；顺丰无人机为医院和小区居民定点投送物资，打通物资运送空中通道；诺亚物流机器人驰援武汉医院抗疫第一线，实现医院内部物资无接触运送，最大限度地降低交叉感染风险。

"无人物流"呼唤综合性物流人才。企业对物流人才的需求将从基础性岗位向技术性岗位转移，智能化设备的操作、维护与保养，无人化作业的组织实施，智能物流的运行管理等方面将会产生更多岗位需求，需要加强对实践操作能力、技术创新与应用能力、协同与合作能力、大数据思维等综合素质的培养。

"互联网+"高效物流的发展，促进技术与物流的有机融合，智能物流应运而生。智能物流的发展加速物流设备行业的转型升级，物联网、大数据、人工智能的应用使物流设备的自动化、智能化程度越来越高，成为打造智能物流系统的核心要素。

学一学

扫描二维码查看抗疫第一线的"无人物流"

项目一 现代智能物流

请同学们结合本任务所学知识,借助互联网查阅资料,总结智能物流设备的特征、类型及智能物流设备的应用现状与发展趋势等。

问题引导

引导问题 1:有哪些常用的智能物流设备?智能物流设备有什么特点?

引导问题 2:智能物流设备在现代生活中有哪些应用?请尝试举例。

知识准备

本任务的知识图谱如图 1-3-1 所示。

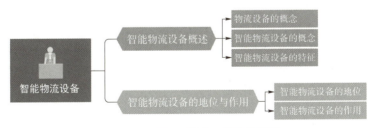

图 1-3-1 项目一任务三的知识图谱

一、智能物流设备概述

1. 物流设备的概念

物流设备是指用于存储、运输、装卸搬运、包装与分拣、流通加工、配送、信息采集与处理等物流活动的设备的总称。现代物流的发展离不开物流设备,物流设备是现代物流的主要技术支撑,在整个物流活动中,对提高物流能力与效率、降低物流成本和保证物流服务质量等具有非常重要的作用。

按照功能不同,可以将物流设备分为运输设备、仓储设备、装卸搬运设备、包装设备、流通加工设备、集装单元化设备、物流信息设备7个部分,见表1-3-1。

表1-3-1 物流设备

按功能进行分类	具体内容
运输设备	铁路运输设备、公路运输设备、水路运输设备、航空运输设备及管道运输设备
仓储设备	货架、托盘、立体化仓库等储存设备,以及计量设备、保管养护设备、仓库消防设备等
装卸搬运设备	叉车、起重机械、堆垛设备、搬运和输送机械等
包装设备	裹包机械、封口机械、捆扎机械、贴标机械、封箱机械等
流通加工设备	剪切加工机械、冷冻加工机械、分选加工机械、精制加工机械、组装加工机械、分装加工机械等
集装单元化设备	集装箱、托盘、集装袋、集装网、集装装卸设备、集装运输设备、集装识别系统等
物流信息设备	计算机及网络、通信设备、信息感知识别设备等

2. 智能物流设备的概念

物流设备水平在一定程度上代表社会物流的发展水平,由传统物流向现代物流的发展演变过程也体现了物流设备发展的不同阶段。总体上看,物流设备的发展经历了由机械化到自动化,再到智能化的发展历程。

五分钟了解2020年
物流展智能黑科技
#物流装备产业

在传统物流时代,如何提升物流作业效率,使人们从繁重的体力劳动中解放出来,是人们研究的重点问题。以机械化为特征的物流设备,用机械辅助或代替人工进行作业,使作业能力和作业效率大大提升。叉车、托盘、货架作为物流设备的三大基础部件,对提升物流效率产生了革命性影响,在物流作业过程中得到普及应用。起重机械、运输设备、包装机械、输送机械等的广泛应用使机械化覆盖物流作业的全过程。

在物流自动化时代,在信息技术、自动控制技术的推动下,机械设备在无须人工操作的情况下自动运行,从而使人们从一线单调、重复的物流作业活动中脱离出来,更多的人力可以投入物流作业管理工作和特殊物流作业活动。自动化立体仓库系统、自动化搬运与输送系统、自动化分拣与拣选系统、自动信息处理与控制系统等自动化物流设备应用于物流活动中,极大地提升了物流作业效率。具有代表性的产品有自动导引车(AGV)、穿梭车(RGV)、堆垛机、自动输送机、自动分拣机等。图1-3-2、图1-3-3所示分别为自动导引车、穿梭车。

图1-3-2 自动导引车

项目一　现代智能物流

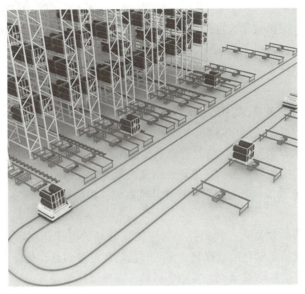

图 1-3-3　穿梭车

可以从广义和狭义两个方面给出智能物流设备的概念。从广义上看，智能物流设备是智能物流系统运行所涉及的各种物流设备，包括传统物流设备、自动化物流设备以及智能化物流设备。从狭义上看，所谓智能物流设备，是指运用物联网、大数据、云计算、智能控制等技术手段，具有实时感知、自主决策、自动执行能力，应用于智能仓储、运输、配送、装卸搬运、包装及物流信息管理领域的智能化物流设备。

学 一 学

扫描二维码了解智能物流时代的知识。

3. 智能物流设备的特征

智能物流设备是智能物流系统的执行机构和运作依托，是打造智能物流系统的核心要素，应能够满足智能物流运作与管理要求，体现智能物流的系统特色。智能物流设备具有以下特征。

1）智能化

智能物流设备的核心特征是借助信息技术、人工智能、商务智能、管理智能、自动识别和控制、运筹学和专家系统，智能化地获取、传递、处理、利用信息和知识，使智能物流设备能模拟人的思维进行感知、学习、推理和判断。在功能上要能够实现以下内容。

（1）状态感知，即能够实时感知物流系统运行环境及设备运作的状态、数据及问题。

（2）自主决策，即能够根据感知数据，通过自我学习训练和分析计算，能够对下一步设备动作进行自我决策和智能判断。

（3）准确执行，即能够依托自动化技术将决策意图落实到设备执行末端，准确完成设备动作，并对运行进行控制。自动化也是实现设备智能化的基础和前提。

同时，智能物流设备还可能具备自我检测、自我修复等更高级的智能化能力。

2）集成化

智能物流的发展推动机械化、自动化物流系统设备向网络化、集成化的方向变革，物流设备连网运作、互连互通、信息共享、全面集成，成为智能物流大系统的执行物联网。集成化，即智能物流设备在网络技术的支持下能够实现设备与设备互连、数据与数据互通。集成化主要包括以下 3 层含义。

（1）集成各类现代物流技术、信息技术与自动化技术，使物流设备具备智能感知、决策与控制功能，满足智能物流设备运作需要。

（2）强调智能物流设备与 ITS、仓库管理系统（Warehouse Management System，WMS）等各种物流信息系统集成，实现数据及信息处理、信息决策互连互通。

（3）强调智能物流设备与其他设备、运作环境集成，根据外在环境变化实时调控设备行为。

3）信息化

通过物流信息收集的数据化、代码化，物流信息处理的电子化，物流信息传递的网络化、标准化、实时化，物流信息储存的数据化，实现智能物流设备的自动化、智能化运行。

例如，无人配送车能够通过激光、雷达、摄像头探测道路交通环境，并将环境信息数据化，信息处理系统收集传感器数据，进行分析计算、预估判断并执行决策，所有环境数据及决策信息会通过网络传递到数据中心进行集中存储。

4）柔性化

柔性即对环境及任务的适应能力。智能物流设备的柔性主要体现在以下两个方面。

（1）能够根据运行环境的变化，智能调整物流设备的运行路径、作业动作、工作速率等状态参数。

（2）物流设备自身的多用途性、接口的可转换性，以及多种设备动态多重组合的便捷性。

二、智能物流设备的地位与作用

物流设备是物流系统中的物质基础，应用于物流活动的各个环节，在物流系统中处于十分重要的地位。随着智能物流设备的发展与应用，物流运作水平、效率、效益、服务质量得到极大提升，对于促进物流产业快速发展起到了重要作用，同时也为制造、电子商务等其他行业提供了有力支撑。

图森未来最新宣传片

1. 智能物流设备的地位

1）物流系统运行的物质基础

从资产价值上看，在物流系统中，物流设备所占的价值比例较大，属于物流系统的重要资产。特别是对于智能物流设备来说，其技术含量较高，资金投入较大，不仅是一种技术密集型的生产工具，也是企业重要的资金密集型的财富与资产，建设一个现代化的物流系统所需的智能物流设备购置投资相当可观。同时，为了维持智能物流设备的正常运转，发挥良好效能，在设备长期使用过程中还需要持续投入大量的资金，才能保障物流系统的良性运行。

智能物流产业链主要可分为上游、中游、下游 3 个部分。上游为设备提供商和软件提供商，分别提供硬件设备（输送机、分拣机、自动导引车、堆垛机、穿梭车、机器人等）和相应的软件系统（WMS、WCS 等）；中游是智能物流系统集成商，根据行业的应用特点使用多种设备和软件，设计智能物流设备应用系统；下游是应用智能物流设备系统的各个行业，包括烟草、医药、汽车、零售、电子商务等诸多行业。智能物流设备在整个智能物流产业链中居于主体地位，涉及产业链的上游、中游、下游的各个部分、各类实体，是物流产业运行的物质基础。

学 一 学

扫描二维码查看智能物流下现代流通体系的构成要素。

2）物流水平高低的主要标志

一个完善的物流系统离不开现代物流设备与物流技术的应用，随着科技的发展进步，物流活动的诸环节在各自领域中不断提高自身的设备与技术水平。先进物流设备的发展与应用，带来物流效率、效益与服务质量的不断提升，反映了物流整体运作水平的高低。

从物流行业的发展阶段来看，先后经历了机械化物流、自动化物流、智能化物流各阶段，每一阶段的本质特征无不是以物流设备的更新换代为核心标志。在机械化物流阶段，主要应用叉车、起重机、传送带、托盘、货架等物流机械设备及器材，作业方式以人力操作机械完成物流活动为主；在自动化物流阶段，以自动扫描、自动运行为主要特征的自动存取系统、电子扫描仪、自动堆垛机、自动输送分拣作业线、往复穿梭车等自动化物流设备得到广泛应用，作业方式以少人化自动运行为主；在智能物流阶段，以智能感知、自主决策、智能控制为基本特征的物流机器人、自动导引车、无人车、无人机等智能物流设备逐步深入应用，作业方式以无人化智能运行为主。可以发现，物流设备的发展在一定程度上代表着物流行业的发展阶段，智能物流设备的应用表明物流行业的智能时代已经到来。

2. 智能物流设备的作用

1）提升物流效率，优化物流服务

随着智能制造、电子商务等行业领域的快速发展，现代生产与流通领域呈现出柔性生产、快速响应、效率提升和小件化驱动等典型特征，要求推进物流技术与管理领域的不断革新。智能物流设备的应用能够更好地满足上述特征要求，为行业发展提供更为优质的物流服务。

学 一 学

扫描二维码查看智能物流设备在行业中的更多资讯。

2）降低物流成本，提高物流效益

2020年，我国社会物流总费用为14.9万亿元，占GDP的14.7%，明显比欧美发达国家普遍8%~10%的占比要高。我国社会物流费用偏高，有产业结构、流通管理体制、企业管理模式等多方面的原因，同时也存在物流技术与设备水平不够先进的问题。采用先进的物流技术和设备，提升物流系统的自动化、信息化和智能化水平，是降低物流成本，提高物流效益的重要手段。国外很多企业的自动化程度超过90%，我国企业物流自动化普及率低，且行业分化严重，已经实施或者部分实施信息化的物流企业仅占39%，全面信息化的企业仅占10%。采用智能物流系统提升物流效益意义重大，是大势所趋。

智能物流设备的加速应用是适应经济新常态发展、促进产业升级的必然要求。国际经验表明，人工成本上升，经济增速放缓，靠降低成本或扩大销售难以获得利润时，物流自动化、智能化降本增效的作用将使物流业作为"第三利润源"的战略地位和重要作用凸显。随着国内企业发展壮大，它们对物资管理水平、物流效率提出了更高要求。在《中国制造2025》全面推进的背景下，产业转型升级同样需要物流自动化、智能化技术的支持。

3）降低劳动强度，节约物流人力

物流行业属于劳动力需求高，且需要重复体力劳动的行业。据公开数据表明，自2012年起，我国劳动年龄人口的数量和比重已连续7年出现双降，劳动力供给不断减少。同时根据国家统计局的数据，2018年以来全国就业人员总量也出现下降。交通运输、仓储和邮政业私营单位就业人员工资水平在近10年来一直处于稳步上升的状态。劳动力供给的不断减少和劳动力成本的不断提高，给物流行业的发展带来更大的挑战，倒逼传统物流行业向无人化、智能化转型。无人仓、无人机、无人车等智能物流设备的应用，能够使物流人工从繁重的拣选搬运送货等体力劳动中解放出来，有效节约人力，降低劳动强度，缓解物流行业日趋加剧的用工压力，可以大幅度地降低工人的劳动强度，且效率是传统仓库的10倍。

超震撼的工业4.0智能制造柔性生产线、无人工厂示范生产线

思政园地

中科微至登陆科创板：从后起之秀到智能物流装备制造领跑者

中科微至成立于2016年，由中国科学院微电子研究所孵化，是全球少数具备智能物流输送分拣系统及其核心部件的自主研发、设计、生产一体化能力的公司。

该公司产品包括以自动化、智能化分拣技术为基础的核心部件、高端装备及综合集成解决方案，涵盖人工智能、图像识别、微电子、光学、计算机、机器人等多个学科领域。其应用领域有快递、物流、仓储、电子商务、机场、食品药品等行业。

中科微至通过对多项核心技术进行深入攻关，实现了整机装备、核心部件、关键器件等的"中国智造"。

2021年10月26日，国内智能物流分拣系统领域领先企业中科微至（688211.SH）登陆科创板上市交易。得益于下游快递行业体量较大且增速稳定，我国分拣自动化的需求缺口将逐步扩大，上游智能分拣设备行业将步入黄金增长阶段。

凭借技术及成本等诸多优势，中科微至的系列产品在中通、顺丰、百世、申通、极兔、韵达、中国邮政、苏宁、德邦等国内多家物流快递、电商头部企业得到推广和应用，并出口至泰国、印度尼西亚、菲律宾、新加坡、俄罗斯等多个国家。目前，该公司已经成长为中国领先的智能物流装备企业之一。

科学技术是一个国家综合国力的根本，科技兴则民族兴，科技强则国家强。一个国家要变强，科学技术就要变强。"科技兴国"势在必行。

任务实施

步骤一：智能物流设备的体系构成

智能物流设备按功能分类的内容见表1-3-2，请查阅资料，梳理、总结各功能模块的内容。

项目一　现代智能物流

表 1-3-2　智能物流设备按功能分类

按功能进行分类	具体内容
智能仓储设备	自动化立体仓库系统、穿梭车式密集仓储系统等
智能运输设备	智能网联汽车、无人驾驶轨道列车、智能船舶、运输无人机等
智能配送设备	配送无人车、配送无人机、智能快递柜、地下智能物流管网等
智能装卸搬运设备	巷道式堆垛机、自动导引车、搬运机械臂等
智能分拣输送设备	自动输送机、自动分拣装置等
智能拣选设备	"人到货"拣货系统、"货到人"拣货系统
智能包装设备	智能包装机器人、智能包装作业线等
智能集装单元化设备	智能集装箱、智能共享物流箱
智能物流信息设备	智能物流识别与追溯设备、智能物流定位与跟踪设备和智能物流监控与控制设备等

步骤二：智能物流设备的现状与发展

（1）利用互联网、图书馆等渠道搜集、整理智能物流设备的发展现状及应用。

（2）请查阅资料总结智能物流设备的发展趋势。

任务评价

学生自评表

班级			姓名		学号	
任务名称			智能物流设备			
评价项目（占比）		评价标准			分值	得分
考勤（10%）	无故旷课、迟到、早退（出现一次扣10分）				10	
	请假（出现一次扣2分）					
学习能力（10%）	合作学习能力	小组合作参与程度（优6分，良4分，一般2分，未参与0分）			6	
	个人学习能力	个人自主探究参与程度（优4分，良2分，未参与0分）			4	
工作过程（60%）	智能物流设备的体系构成	能梳理、总结智能物流设备的构成以及各模块的详细内容（每错一处扣2分）			15	
	智能物流设备的现状与发展	能查找、列举智能物流技术设备的发展和应用（每错一处扣2分）			15	
		能准确总结智能物流设备的发展现状（每错一处扣2分）			15	
		能准确总结智能物流设备的发展趋势（每错一处扣2分）			15	
工作成果（20%）	成果完成情况	能按规范及要求完成任务环节（未完成一处扣2分）			10	
	成果展示情况	能准确展示智能物流设备的结构以及智能物流设备的现状及应用（失误一次扣5分）			10	
		得分				

小组自评表

班级			本组组别					
本组成员名单	组长： 组员：							
任务名称			智能物流设备					
评价项目（占比）		评价标准		分值	组别			
					得分	得分	得分	得分
考勤（10%）	无故旷课、迟到、早退（出现一次扣10分）			10				
	请假（出现一次扣2分）							
学习能力（10%）	合作学习能力	小组合作参与程度（优6分，良4分，一般2分，未参与0分）		6				
	个人学习能力	个人自主探究参与程度（优4分，良2分，未参与0分）		4				
工作过程（60%）	智能物流设备的体系构成	能梳理、总结智能物流设备的构成以及各模块的详细内容（每错一处扣2分）		15				
	智能物流设备的现状与发展	能查找、列举智能物流技术设备的发展和应用（每错一处扣2分）		15				
		能准确总结智能物流设备的发展现状（每错一处扣2分）		15				
		能准确总结智能物流设备的发展趋势（每错一处扣2分）		15				

续表

评价项目（占比）		评价标准	分值	组别				
				得分	得分	得分	得分	得分
工作成果（20%）	成果完成情况	能按规范及要求完成任务环节（未完成一处扣2分）	10					
	成果展示情况	能准确展示智能物流设备的结构以及智能物流设备的现状及应用（失误一次扣5分）	10					
		得分						

教师评价表

任务名称		智能物流设备			
授课信息					
班级		组别	姓名	学号	

评价项目（占比）		评价标准	分值	得分
考勤（10%）	无故旷课、迟到、早退（出现一次扣10分）		10	
	请假（出现一次扣2分）			
学习能力（10%）	合作学习能力	小组合作参与程度（优6分，良4分，一般2分，未参与0分）	6	
	个人学习能力	个人自主探究参与程度（优4分，良2分，未参与0分）	4	
工作过程（60%）	智能物流设备的体系构成	能梳理、总结智能物流设备的构成以及各模块的详细内容（每错一处扣2分）	15	
	智能物流设备的现状与发展	能查找、列举智能物流技术设备的发展和应用（每错一处扣2分）	15	
		能准确总结智能物流设备的发展现状（每错一处扣2分）	15	
		能准确总结智能物流设备的发展趋势（每错一处扣2分）	15	
工作成果（20%）	成果完成情况	能按规范及要求完成任务环节（未完成一处扣2分）	10	
	成果展示情况	能准确展示智能物流设备的结构以及智能物流设备的现状及应用（失误一次扣5分）	10	
		得分		

综合评价表

班级		姓名		学号	
自评得分（20%）		小组互评得分（20%）		教师评价得分（60%）	综合得分

评语：

反思总结

在本任务的学习过程中，遇到了哪些困难？这些困难是如何解决的？

项目二　自动化立体仓库设备与应用

任务一　认识自动化立体仓库

任务目标

通过本任务的学习，可以达成以下目标。

学习目标	(1) 了解自动化立体仓库的概念与特点； (2) 掌握自动化立体仓库的分类； (3) 掌握自动化立体仓库的系统构成； (4) 熟悉自动化立体仓库的一般布局； (5) 掌握自动化立体仓库的设计步骤与参数选择。
素质目标	培养学生具备工匠精神。

任务引领

随着我国电子商务交易量的迅猛增长，海量品规、碎片化订单、高峰低谷波动大等已经成为电子商务物流必须应对的难题。在此背景下，提升物流能力成为企业发展的重要战略和推动力。目前，高效率、高准确性、省人力的自动化物流系统的应用受到了行业高度认可。

学一学

扫描二维码查看电子商务行业智慧物流中心典范——苏宁云仓。

请同学们结合本任务所学知识,借助互联网查阅资料,总结自动化立体仓库的特点、分类、布局以及设计步骤等。

问题引导

引导问题1:什么是自动化立体仓库?自动化立体仓库的特点是什么?

引导问题2:与普通仓库相比,自动化立体仓库有什么优势?

知识准备

本任务的知识图谱如图2-1-1所示。

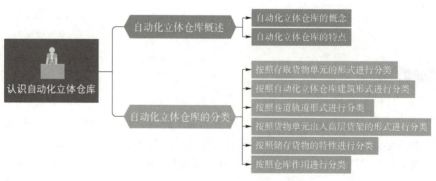

图2-1-1 项目二任务一的知识图谱

一、自动化立体仓库概述

1. 自动化立体仓库的概念

立体仓库简称"立库",一般是指采用高层货架来储存单元货物,用相应的物料搬运设备进行货物入库和出库作业的仓库。利用立体仓库设备可实现仓库高层合理化、存取自动化、操作简便化。

自动化立体仓库主要是指基于高层货架和巷道堆垛机进行自动存取的立体仓库。可以定义为：自动化立体仓库也称为自动存取系统（Automated Storage and Retrieval System，AS/RS），是由高层货架、巷道堆垛机、入/出库输送系统、自动化控制系统、计算机仓库管理系统及其周边设备组成的，可对集装单元货物实现自动化保管和计算机管理的仓库，如图 2-1-2 所示。

图 2-1-2　自动化立体仓库

2. 自动化立体仓库的特点

物流装备水平在一定程度上代表社会物流的发展水平，由传统物流向现代物流的发展演变过程也体现了物流装备发展的不同阶段。总体上看，物流装备的发展经历了由机械化到自动化，再到智慧化的发展历程。

自动化立体仓库的优势体现在以下 7 个方面。

（1）提高空间利用率。自动化立体仓库充分利用仓库垂直空间，单位面积存储量远大于传统仓库；可以实现随机存储，任意货物存放于任意空仓内，由系统自动记录准确位置，避免传统仓库分类存放货物所造成的大量空间闲置，大大提高了空间的利用率。

（2）实现物料先进先出。传统仓库由于空间限制，将货物码放堆砌，常常是先进后出，导致货物积压浪费。自动化立体仓库系统能够自动绑定每一票货物的入库时间，自动实现货物先进先出。

（3）智能作业账实同步。传统仓库的管理涉及大量的单据传递，而且很多单据由手工录入，流程冗杂，容易出错。立体仓库管理系统与 ERP 系统对接后，从生产计划的制定开始到下达货物的出入库指令，可实现全流程自动化作业，且系统自动过账，保证了信息准确及时，避免了账实不同步的问题。

（4）满足货物对环境的要求。相比传统仓库，自动化立体仓库能较好地满足特殊仓储环境的需要，如避光、低温、有毒等特殊环境，保证货品在整个仓储过程中的安全运行，提高了作业质量。

（5）可追溯。通过条码技术等，自动化立体仓库能够准确跟踪货物的流向，可以实现货物的物流全过程可追溯。

（6）节省人力资源成本。在自动化立体仓库内，各类自动化设备代替了大量的人工作业，大大降低了人力资源成本。

（7）及时处理呆滞料。自动化立体仓库系统的物料入库，自动建账，不产生死料，可以搜索一定时期内没有操作的物料，及时处理呆料。

自动化立体仓库的劣势体现在以下 4 个方面：

（1）投资建设成本高、周期长；

（2）存储货物有严格要求；

（3）管理维护要求高；

（4）柔性相对较差。

自动化立体仓库案例

二、自动化立体仓库的分类

1. 按照存取货物单元的形式进行分类

1）托盘式自动化立体仓库

托盘式自动化立体仓库是一种以托盘单元为基本存取单元的自动存取系统。一般应用于整箱、整件货物的存取，具有适用范围广、承载能力强、存储密度大的特点，如图 2-1-3 所示。

图 2-1-3　托盘式自动化立体仓库

托盘式自动化立体仓库高度可达 40 m，常用荷重为 1 000 kg，储位量可达 10 万余个托盘，适用于大型的仓库。一般使用最普遍的高度以 6~15 m 为主，储位数为 1 500~2 000 个。托盘式自动化立体仓库可应用于大型生产性企业的采购件、成品件仓库，柔性自动化生产系统（FAS），流通领域的大型流通中心、配送中心等。

托盘式自动化立体仓库在货物入库前，首先需要进行集装单元化工作，即根据货物包装及重量等特性进行组盘，符合托盘尺寸、承重和堆高要求，再由巷道式堆垛机将其送至指定货位。

2）料箱式自动化立体仓库

料箱式自动化立体仓库针对物流箱、吸塑盘或者纸箱的存储和订单拣选系统。其荷重一般小于 300 kg，以储存重量较小的物品为主，是一种轻负载式立库。为保证拣货效率，料箱式自动化立体仓库一般高度为 5~10 m，随着定位技术和堆垛机运行速度的不断提升，也有超过 20 m 的大型料箱式自动化立体仓库出现，如苏宁南京云仓的料箱式自动化立体仓库系统，整个货架高 22 m，共有 338 400 个料箱存储位。"堆垛机+料箱拣选"结构的料箱式自动化立体仓库通常也称为 Mini load，如图 2-1-4 所示。

图 2-1-4　料箱式自动化立体仓库

作业时，物流箱和纸箱被传送到配有针对巷道设计的起重设备的订单拣货工作站，以便拣货人员直接操作。料箱式自动化立体仓库可以与流利式货架和电子标签拣选系统结合。借助料箱式自动化立体仓库可以自动补货到拣选位置，从而使订单拣货系统更有效。

与 AS/RS 相比，Mini load 具有更高的作业效率。如苏宁南京云仓 AS/RS 每小时可实现自动存取双循环 30 个托盘（单循环 50 个托盘），而 Mini load 高密度存储系统每小时可实现小件料箱和硬纸箱自动存取双循环 1 400 箱（单循环 1 800 箱），能够实现每天 60 万件商品的补货出库功能。

2. 按照自动化立体仓库建筑形式进行分类

1）整体式

整体式是库房货架合一的仓库结构形式，仓库建筑物与高层货架相互连接，形成一个不可分开的整体，货架除了存储货物以外，还作为建筑物的支撑结构，构成建筑物的一部分。一般整体式自动化立体仓库高度在 12 m 以上。这种仓库结构重量小，整体性好，抗震性好，如图 2-1-5 所示。

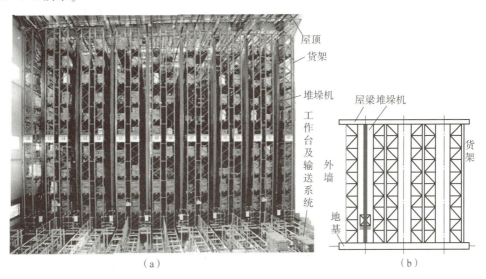

图 2-1-5 整体式自动化立体仓库
(a) 整体式自动化立体仓库实体；(b) 整体式自动化立体仓库平面图

2）分离式

分离式是库架分离的仓库结构形式，货架单独安装在仓库建筑物内。分离式自动化立体仓库的高度一般在 12 m 以下，但也有 15～20 m 的。其适用于利用原有建筑物作库房，或在厂房和仓库内单建一个高货架的场合。无论哪种形式，高层货架都是主体，如图 2-1-6 所示。

3. 按照巷道轨道形式进行分类

巷道轨道形式，即堆垛机在货物存取过程中在巷道中的行走方式，主要有直行巷道、U 形巷道以及转轨巷道 3 种形式，如图 2-1-7 所示。

1）直行巷道

直行巷道的特点是每个巷道必须配置一台堆垛机在轨道上来回行走，这种形式可以使出库、入库分布在巷道的两头，也可以使出库、入库都在巷道的一头，出库和入库分时进行，系统出入库的效率较高。

2）U 形巷道

U 形巷道的特点是两个直行轨道中间直接采用弯道连接，堆垛机可以在两个巷道内自由运行往返。与直行巷道相比，U 形巷道的出/入库效率有一定下降，但是在满足需求的前提下，可以两个巷道共用一台堆垛机，从而减少资金投入；但如果堆垛机出现故障，两个巷道左、右的货架都不能进行货物存取。

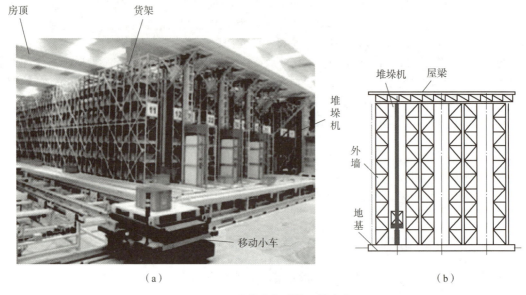

图 2-1-6 分离式自动化立体仓库
(a) 分离式自动化立体仓库实体；(b) 分离式自动化立体仓库平面图

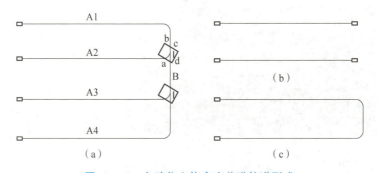

图 2-1-7 自动化立体仓库巷道轨道形式
(a) 转轨巷道；(b) 直行巷道；(c) U 形巷道

3）转轨巷道

转轨巷道能实现多巷道轨道之间的转移，通过转轨机构自动切换运行轨道，使轨道具有可扩展性。其特点是在满足出/入库频率要求的前提下，减少堆垛机的数量，可以降低自动化立体仓库的设备成本，自动化程度高，但控制过程复杂，通信难度大，出/入库效率较低，成本也较高，适用于大型自动化立体仓库。

> **思政园地**
>
> **隆力奇践行工匠精神，打造智能化工厂新篇章**
>
> 智能化工厂是隆力奇于 2011 年着手新建的（图 2-1-8），工厂占地面积为 6 万平方米，总投资为 6 亿元。除了一流的生产设备，智能化工厂的内部装饰也经过精心设计，包括 2.6 万平方米的智能化化妆品净化车间，全自动原料、材料及成品高架仓，自动配送系统等。目前，隆力奇车间内有设备 33 台套（产线），其中车间内自动化、智能化生产、试验、检测等设备 25 台套（产线），占总数量的 75.75%。

智能化工厂的原料自动库利用自动化存储设备同计算机管理系统相结合，实现了立体仓库的合理化存取以及简便化操作。同时，通过自动化仓库管理系统与 ERP 系统的实时通信和数据交换，实现了作业过程的自动化控制，并达到了国际通用的 6Σ 标准（失误率在百万分之 3.4 以内）。

图 2-1-8　隆力奇智能化工厂

在产品的生产过程中，隆力奇采用自动化与智能化控制，在降低人力成本的同时，也极大地提升了工作效率。其中，意大利 ACMA-PYSTER 香波全自动灌装线的灌装效率可达 200 瓶/min。德国 GEA2000L+300L 的成套反应锅系统的年产量达 4 300 万瓶，是世界上最高档的膏霜反应锅。此外，从德国引进的 BOSCH 蛇油膏全自动灌装线，以及美国 CERMEX SOD 蜜全自动灌装线也都是世界顶级的生产设备。

在产品质量检测上，隆力奇先后从德国、瑞士等国最先进的生产设备商处购置了一批专业的检测设备，其中包括理化实验室、微生物实验室、高温实验室、材料性能测试室、香精评估室等使用的原子吸收仪，液相、气相色谱仪等高精度检测设备，从而确保隆力奇的产品在推向市场之前完成严格的质量检测。

众所周知，工匠精神无外乎三点要求——一丝不苟、精益求精、一以贯之，新时代下的工匠精神更多地在于汲取匠人的精益求精精神，增品种、提品质、创品牌，琢中国制造时代之影。

4. 按照货物单元出入高层货架的形式进行分类

货物单元出入高层货架的工作台可根据仓库各区域布局总体情况进行灵活选择，包括贯通式、同端出入式、旁流式、分层式等多种形式，如图 2-1-9 所示。

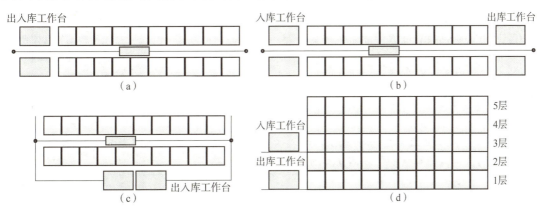

图 2-1-9　自动化立体仓库货物单元出入高层货架的形式

(a) 同端出入式；(b) 贯通式；(c) 旁流式；(d) 分层式

1) 贯通式

贯通式即货架区出、入库工作台布置在堆垛机巷道的两端，货物单元由异侧出入，这样可以避免出、入库交叉。

2) 同端出入式

同端出入式即货架区出、入库工作台布置在堆垛机巷道的同一端，可设置为同口出入或异口出入，这样能够方便出、入库的统一管理。

3) 旁流式

旁流式即货架区出、入库工作台布置在堆垛机巷道的旁边，需要配合自动输送系统将货物送到工作台。

4) 分层式

分层式即货架区出、入库工作台布置在不同楼层中，以适应仓库整体出、入库流程及区域布置需要。

5. 按照储存货物的特性进行分类

1) 常温自动化立体仓库

温度一般控制在 5~40 ℃，相对湿度控制在 90% 以下。

2) 低温自动化立体仓库

恒温仓库：根据物品特性，自动调节储存温度和湿度。

冷藏仓库：温度一般控制在 0~5 ℃，主要用于蔬菜和水果的储存，要求有较高的湿度，如图 2-1-10 所示。

冷冻仓库：温度一般控制在 -2~-35 ℃。

3) 防爆型自动化立体仓库

该类型仓库以存放易燃易爆等危险货物为主，系统设计时应严格按照防爆的要求进行。

6. 按照仓库作用进行分类

1) 生产性仓库：在工厂内部工序、车间之间设立

生产性仓库是工厂内部为了协调工序和工序、车间和车间、外购件和自制件物流的不平衡而建立的仓库。这类仓库与生产紧密衔接，距离企业生产线较近，是一种在线仓库，如华为公司、东风汽车公司为满足生产线供应而建立的自动化立体仓库。

图 2-1-10　冷藏仓库

2) 流通性仓库：在生产工厂和顾客之间设立

流通性仓库是一种服务性仓库，是为了协调生产厂和用户间的供需平衡而建立的仓库。这种仓库进出货物比较频繁，吞吐量较大。京东、苏宁等大型配送中心建立的自动化立体仓库即属于这种类型。

自动化立体仓库
三维动画制作

任务实施

步骤一：自动化立体仓库的系统构成

请查阅资料，梳理自动化立体仓库的系统构成。

步骤二：自动化立体仓库的布局

请搜集资料，结合所学知识梳理、总结自动化立体仓库的布局。

步骤三：自动化立体仓库的设计步骤与参数选择

自动化立体仓库有许多优点，那么应该如何进行自动化立体仓库设计呢？

任务评价

学生自评表

班级			姓名		学号	
任务名称			认识自动化立体仓库			
评价项目（占比）		评价标准			分值	得分
考勤（10%）	无故旷课、迟到、早退（出现一次扣10分）				10	
	请假（出现一次扣2分）					
学习能力（10%）	合作学习能力	小组合作参与程度（优6分，良4分，一般2分，未参与0分）			6	
	个人学习能力	个人自主探究参与程度（优4分，良2分，未参与0分）			4	
工作过程（60%）	自动化立体仓库的系统构成	能准确梳理自动化立体仓库系统构成（每错一处扣2分）			10	
		能准确整理自动化立体仓库各系统的参数（每错一处扣2分）			10	
	自动化立体仓库的布局	能准确梳理、总结自动化立体仓库的布局（每错一处扣2分）			10	
	自动化立体仓库的设计步骤与参数选择	能查找、梳理自动化立体仓库的设计步骤（每错一处扣3分）			15	
		能准确总结自动化立体仓库中各设备的参数选择（每错一处扣3分）			15	
工作成果（20%）	成果完成情况	能按规范及要求完成任务环节（未完成一处扣2分）			10	
	成果展示情况	能准确展示自动化立体仓库的系统构成以及自动化立体仓库的设计步骤与参数选择（失误一次扣5分）			10	
		得分				

小组自评表

班级			本组组别					
本组成员名单	组长： 组员：							
任务名称			认识自动化立体仓库					
评价项目（占比）	评价标准			分值	组别			
					得分	得分	得分	得分
考勤（10%）	无故旷课、迟到、早退（出现一次扣10分）			10				
	请假（出现一次扣2分）							
学习能力（10%）	合作学习能力	小组合作参与程度（优6分，良4分，一般2分，未参与0分）		6				
	个人学习能力	个人自主探究参与程度（优4分，良2分，未参与0分）		4				
工作过程（60%）	自动化立体仓库的系统构成	能准确梳理自动化立体仓库的系统构成（每错一处扣2分）		10				
		能准确整理自动化立体仓库各系统的参数（每错一处扣2分）		10				
	自动化立体仓库的布局	能准确梳理、总结自动化立体仓库的布局（每错一处扣2分）		10				
	自动化立体仓库的设计步骤与参数选择	能查找、梳理自动化立体仓库的设计步骤（每错一处扣3分）		15				
		能准确总结自动化立体仓库中各设备的参数选择（每错一处扣3分）		15				
工作成果（20%）	成果完成情况	能按规范及要求完成任务环节（未完成一处扣2分）		10				
	成果展示情况	能准确展示自动化立体仓库的系统构成以及自动化立体仓库的设计步骤与参数选择（失误一次扣5分）		10				
	得分							

教师评价表

任务名称		认识自动化立体仓库			
授课信息					
班级		组别	姓名	学号	
评价项目（占比）	评价标准			分值	得分
考勤（10%）	无故旷课、迟到、早退（出现一次扣10分）			10	
	请假（出现一次扣2分）				

续表

评价项目（占比）		评价标准	分值	得分
学习能力（10%）	合作学习能力	小组合作参与程度（优6分，良4分，一般2分，未参与0分）	6	
	个人学习能力	个人自主探究参与程度（优4分，良2分，未参与0分）	4	
工作过程（60%）	自动化立体仓库的系统构成	能准确梳理自动化立体仓库的系统构成（每错一处扣2分）	10	
		能准确整理自动化立体仓库各系统的参数（每错一处扣2分）	10	
	自动化立体仓库的布局	能准确梳理、总结自动化立体仓库的布局（每错一处扣2分）	10	
	自动化立体仓库的设计步骤与参数选择	能查找、梳理自动化立体仓库的设计步骤（每错一处扣3分）	15	
		能准确总结自动化立体仓库中各设备的参数选择（每错一处扣3分）	15	
工作成果（20%）	成果完成情况	能按规范及要求完成任务环节（未完成一处扣2分）	10	
	成果展示情况	能准确展示自动化立体仓库的系统构成以及自动化立体仓库的设计步骤与参数选择（失误一次扣5分）	10	
		得分		

综合评价表

班级		姓名		学号	
自评得分（20%）		小组互评得分（20%）		教师评价得分（60%）	综合得分

评语：

反思总结

在本任务的学习过程中，遇到了哪些困难？这些困难是如何解决的？

任务二 料箱式自动化立体仓库

任务目标

通过本任务的学习，可以达成以下目标。

学习目标	（1）掌握料箱式自动化立体仓库的主要特点； （2）掌握料箱式自动化立体仓库的主要构成； （3）理解料箱式自动化立体仓库的起源与发展现状； （4）熟悉料箱式自动化立体仓库主要技术参数； （5）熟悉料箱式自动化立体仓库的企业应用。
素质目标	树立以客户需求为核心的研发理念，培养学生具备较强的社会责任感。

任务引领

2017年，全球第一家成功使用机器人打造的料箱式自动化立体仓库——菜鸟网络仓库已经在运行中，80%的工作由机器人完成，整套系统涵盖三大功能：仓储、分拣和配送。

首先，将货品入库暂存，当系统收到终端客户的网上订单后，发指令取出这些订单中的产品所对应的周转箱。而圆柱体中间的ABB大型机器人IRB 6700会将相对应的周转箱取出，并推送到下一个工作站。

周转箱通过输送带来到拣选工作站之后，集成了3D视觉的两台ABB机器人IRB 1200把商品从周转箱中拣选出来，放到流水线上。这是一个波次分拣的流程，如图2-2-1所示。

图2-2-1 波次分拣

分拣系统采用两台ABB机器人IRB 360，根据每个订单对货品的需求进行分拣，并将订单中的货品放入相对应的订单箱，完成分拣环节。

使用机器人打造的料箱式自动化立体仓库相比其他料箱式自动化立体仓库，其柔性物流解决方案速度高出一倍，存储、拣选、分拣环节完全实现了无人化操作，既节省了人工，还能有效避免差错，同时，单位面积平效（每平方米每天处理订单效率）提高1倍以上。

项目二　自动化立体仓库设备与应用

请同学们阅读案例，借助互联网查阅资料，总结料箱式自动化立体仓库的特点、构成及主要技术参数等。

引导问题1：什么是料箱式自动化立体仓库？它有什么特点？

引导问题2：料箱式自动化立体仓库应用于哪些行业？请阐述说明。

知识准备

本任务的知识图谱如图2-2-2所示。

图2-2-2　项目二任务二的知识图谱

一、料箱式自动化立体仓库的主要特点

料箱式自动化立体仓库是现代化智能仓库的重要一员，其组成部分包含仓储货架、巷道堆垛机、出/入库输送线和WMS/WCS等，属于高密度存储系统解决方案，如图2-2-3所示。整个系统可以在计算机的控制下完成货物的自动化出/入库与现代化的仓储管理。

· 043 ·

图 2-2-3　料箱式自动化立体仓库

料箱式自动化立体仓库的主要特点如下。

（1）提高库房空间利用率。使仓库在高度方向上得到充分的利用，单位面积的存储密度远大于传统仓储系统。此外，传统仓储系统需对货物分类存储，浪费大量的空间，料箱式自动化立体仓库可以对货物进行灵活存储，货物可存放于任意空仓内，系统会记录不同货物的准确位置并上传到系统。

（2）实现自动货物先进先出。料箱式自动化立体库系统能够清晰地记录每一种货物的入库时间，自动实现先进先出。

（3）账实同步。料箱式自动化立体仓库系统与ERP系统对接，从制定生产计划开始到下达货物的出/入库指令都可自动完成，且系统自动过账，保证账实能及时、准确地同步。

（4）达到货物存储的环境要求。料箱式自动化立体仓库能较好地满足特殊仓储环境的需要，如避光、低温、有毒等特殊环境，保证货物存储的安全性和周转的顺利性，提高作业质量。

（5）货物跟踪。料箱式自动化立体仓库通过条码技术等，可准确跟踪货物的流向。

（6）降低人力成本。料箱式自动化立体仓库系统的使用免去了很多繁杂的人力劳动，可大大节省人力成本。

（7）滞料智能处理。传统仓库有些货物材料可能长时间不用，变成呆滞料，会占用仓储空间，料箱式自动化立体仓库可避免这种情况的发生，其物料入库自动建账，可以搜索一定时期内没有动过的物料并及时处理。

料箱式自动化立体仓库

（8）噪声小，环保性强。料箱式自动化立体仓库系统在运作时产生的噪声较小，有利于营造舒适的工作环境。

料箱式自动化立体仓库广泛应用于服装、汽车、五金、化妆品、电子、食品饮料、家用电器、医药、零售业和物流等行业。

二、料箱式自动化立体仓库的主要构成

料箱式自动化立体仓库是由高层货架、巷道式堆垛或多穿车、多种出/入库周边设备、电气控制系统、仓库管理系统组成的自动化立体仓库，它是现代智慧物流的核心技术之一，能实现货物自动存取和管理，提高仓储空间利用率、工作效率、管理水平。

料箱式自动化立体仓库可以形成生产链，提高生产力。其存取效率高，可以有效连接生产环节，在存储中形成自动化物流系统，从而形成有计划、有编排的生产链，使生产能力得到大幅度的提升。

料箱式自动化立体仓库是以料箱为存取单元,以有轨巷道堆垛机为存取设备的高密度存储解决方案。料箱承载量根据客户需求设计,料箱可以堆叠方式存储货物。根据实际需求可以选配单深位、双深位、单工位、多工位、直轨、转轨等不同类型的堆垛机。

料箱式自动化立体仓库常用箱品的最大质量为 50 kg,堆垛机的重量较小,行走速度较快,一般为 200 m/min,效率高,噪声小,应用广。图 2-2-4 所示为 T-50 型料箱式自动化立体仓库的结构及各部分名称。

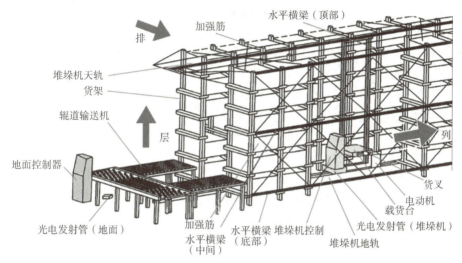

图 2-2-4　T-50 型料箱式自动化立体仓库的结构及各部分名称

1. 货架

货架的设计是自动化立体仓库设计的一项重要内容,它直接影响自动化立体仓库面积和空间的利用率。图 2-2-5 所示为料箱式自动化立体库货架。

图 2-2-5　料箱式自动化立体库货架

1) 货架形式

货架的形式很多,而用于料箱式自动化立体仓库的货架一般有:横梁式货架、牛腿式货架、流动式货架等。设计时,可根据货物单元的外形尺寸、重量及其他相关因素来合理选取。

2) 货格的尺寸

货格的尺寸取决于货物单元与货架立柱、横梁牛腿的间隙大小,同时,在一定程度上也受到货架结构形式及其他因素的影响。

思政园地

在当今物流装备行业中，自动化立体仓库已经成为未来的发展趋势，土地价值的不断提高让立体空间存储受到了人们的青睐。它提高了工作效率，给企业带来了更多便捷。

福玻斯推出了I-Stocker料箱式自动化立体仓储系统，该系统是以料箱为单元进行自动存取的高密度存储解决方案。

料箱式自动化立体仓储系统主要由料箱堆垛机、货架系统、输送设备、提升机、WCS控制软件等组成。它们在控制系统的有机管理下运作，带来全新的仓储效果。该系统内的立体仓库节约了仓库占地面积，实现了仓库空间的充分利用。自动化立体仓库的空间利用率为普通平库的2~5倍。自动化管理提高了仓库的管理水平，减少了在存储货物中可能出现的差错，提高了工作效率。自动化立体仓库在出/入库作业时实现了自动化，安全可靠，降低货物的破损率。

料箱式自动化立体仓储系统主要适用于全行业的材料、在制品、成品的存储及拣选作业以及生产工序线边库。

为了进一步推进物流自动化行业技术的更新、升级，福玻斯一如既往地将精力投入研发创新，在不断的突破中已初见成效，众多物流自动化高科技产品脱颖而出，解决了行业困境，为客户带来了更高效、更便捷的物联网解决方案。

由此，可以得出客户是企业的生存之本、发展之基。客户资源无疑已经成为企业最重要的战略资源之一。拥有客户就意味着企业拥有了在市场中继续生存的理由，而留住客户是企业获得可持续发展的动力源泉。

无论是物流行业还是其他行业，坚持客户导向、力争客户满意、追求价值创造都要具备以客户为中心的研发理念，具备较高的社会责任感，这样才能打造一流品牌。

2. 堆垛机

堆垛机是整个料箱式自动化立体仓库的核心设备，通过手动操作、半自动操作或全自动操作把货物从一处搬运到另一处。堆垛机由机架上横梁、下横梁、立柱、水平行走机构、提升机构、载货台、货叉及电气控制系统构成。

（1）堆垛机形式的确定。堆垛机形式多种多样，包括料箱式堆垛机、托盘式堆垛机、弯轨堆垛机、有轨巷道式堆垛机、单立柱堆垛机、双立柱堆垛机等。

（2）堆垛机速度的确定。根据仓库的流量要求，计算出堆垛机的水平速度、提升速度及货叉速度。

（3）其他参数及配置。据仓库现场情况及用户的要求选定堆垛机的定位方式、通信方式等。堆垛机的配置可高可低，视具体情况而定。

学一学

扫描二维码查看16种料箱式自动化立体仓储系统。

项目二　自动化立体仓库设备与应用

任务实施

步骤一：料箱式自动化立体仓库认知

（1）请通过互联网、图书馆等渠道，总结所学知识，整理料箱式自动化立体仓库的起源与发展。

（2）请通过互联网、图书馆等渠道，梳理、总结料箱式自动化立体仓库的优势。

步骤二：料箱式自动化立体仓库的主要技术参数与选择

（1）请通过互联网、图书馆等渠道，搜集、整理料箱式自动化立体仓库的主要技术参数。

（2）请通过互联网、图书馆等渠道，搜集、整理料箱式自动化立体仓库的应用。

任务评价

学生自评表

班级			姓名		学号	
任务名称			料箱式自动化立体仓库			
评价项目（占比）		评价标准			分值	得分
考勤（10%）	无故旷课、迟到、早退（出现一次扣10分）				10	
	请假（出现一次扣2分）					
学习能力（10%）	合作学习能力	小组合作参与程度（优6分，良4分，一般2分，未参与0分）			6	
	个人学习能力	个人自主探究参与程度（优4分，良2分，未参与0分）			4	
工作过程（60%）	料箱式自动化立体仓库认知	能搜集、总结料箱式自动化立体仓库的起源与发展（每错一处扣2分）			15	
		能梳理、总结料箱式自动化立体仓库的优势（每错一处扣2分）			15	
	料箱式自动化立体仓库的主要技术参数与选择	能准确总结料箱式自动化立体仓库主要技术参数（每错一处扣2分）			15	
		能查找、整理智能物流设备的发展现状（每错一处扣2分）			15	
工作成果（20%）	成果完成情况	能按规范及要求完成任务环节（未完成一处扣2分）			10	
	成果展示情况	能准确展示料箱式自动化立体仓库的主要特点以及料箱式自动化立体仓库的主要技术参数及应用（失误一次扣5分）			10	
得分						

小组自评表

班级			本组组别			
本组成员名单	组长： 组员：					
任务名称		料箱式自动化立体仓库				

评价项目（占比）		评价标准	分值	组别			
				得分	得分	得分	得分
考勤（10%）	无故旷课、迟到、早退（出现一次扣10分）		10				
	请假（出现一次扣2分）						
学习能力（10%）	合作学习能力	小组合作参与程度（优6分，良4分，一般2分，未参与0分）	6				
	个人学习能力	个人自主探究参与程度（优4分，良2分，未参与0分）	4				
	料箱式自动化立体仓库认知	能搜集、总结料箱式自动化立体仓库的起源与发展（每错一处扣2分）	15				
		能梳理、总结料箱式自动化立体仓库的优势（每错一处扣2分）	15				

续表

评价项目（占比）	评价标准		分值	组别				
				得分	得分	得分	得分	得分
学习能力（10%）	料箱式自动化立体仓库的主要技术参数与选择	能准确总结料箱式自动化立体仓库的主要技术参数（每错一处扣2分）	15					
		能查找、整理智能物流设备的发展现状（每错一处扣2分）	15					
工作成果（20%）	成果完成情况	能按规范及要求完成任务环节（未完成一处扣2分）	10					
	成果展示情况	能准确展示料箱式自动化立体仓库的主要特点以及料箱式自动化立体仓库的主要技术参数及应用（失误一次扣5分）	10					
		得分						

教师评价表

任务名称	料箱式自动化立体仓库					
授课信息						
班级		组别		姓名		学号

评价项目（占比）	评价标准		分值	得分
考勤（10%）	无故旷课、迟到、早退（出现一次扣10分）		10	
	请假（出现一次扣2分）			
学习能力（10%）	合作学习能力	小组合作参与程度（优6分，良4分，一般2分，未参与0分）	6	
	个人学习能力	个人自主探究参与程度（优4分，良2分，未参与0分）	4	
	料箱式自动化立体仓库认知	能搜集、总结料箱式自动化立体仓库的起源与发展（每错一处扣2分）	15	
		能梳理、总结料箱式自动化立体仓库的优势（每错一处扣2分）	15	
	料箱式自动化立体仓库的主要技术参数与选择	能准确总结料箱式自动化立体仓库的主要技术参数（每错一处扣2分）	15	
		能查找、整理智能物流设备的发展现状（每错一处扣2分）	15	
工作成果（20%）	成果完成情况	能按规范及要求完成任务环节（未完成一处扣2分）	10	
	成果展示情况	能准确展示料箱式自动化立体仓库的主要特点以及料箱式自动化立体仓库的主要技术参数及应用（失误一次扣5分）	10	
	得分			

综合评价表

班级		姓名		学号	
自评得分（20%）	小组互评得分（20%）		教师评价得分（60%）		综合得分

评语：

反思总结

在本任务的学习过程中，遇到了哪些困难？这些困难是如何解决的？

任务三 旋转货架式自动化仓库

任务目标

通过本任务的学习,可以达成以下目标。

学习目标	(1) 掌握旋转货架式自动化仓库的功能; (2) 了解旋转货架式自动化仓库特点; (3) 掌握旋转货架式自动化仓库的种类; (4) 理解标准旋转货架式自动化仓库的规格及硬件系统; (5) 掌握自动旋转货架的主要构成。
素质目标	树立正确的科学发展观,理解实践出真知。

任务引领

苏宁近年来大力推动智慧物流建设,建设物流云系统,获得了广泛认可。位于南京的雨花物流基地建筑面积为 3.5 万 m^2,层高为 26 m,一期仓储有近 500 万 m^2 的物流仓储面积、12 个自动化分拣中心、660 个城市配送中心,以及 10 000 个快递点,目前已经有美的、创维、志高等 1 000 多家企业共享苏宁的物流云服务。在刚刚结束的 8·18 "发烧节" 期间,试运营的南京苏宁雨花物流二期全自动化立体仓库,其存储能力可达到约 150 万 SKU、2 000 万件商品,日发货量为 181 万件,人均每小时可完成 1 200 件商品的出货。目前,苏宁快递的 "半日达" 服务覆盖北京、上海、广州、深圳、杭州、南京、成都、武汉、西安、沈阳 10 座城市,即上午买、下午到,下午买、第二天上午到。

如果系统中提示有订单需要拣选,SCS 旋转货架(图 2-3-1)能够迅速并且准确地找到含有订单内商品的周转箱,并自动把周转箱送上传送带,传送带会把周转箱直接送到货到人拣选工作站。

图 2-3-1 SCS 旋转货架

不仅如此，SCS 旋转货架配合 WCS，能够实现对产品的自动追踪、监控，并对产品进行时效、路径、商品批次的排序，对于具有相同属性的产品，系统会自动排序并集中存储，需要时系统会自动控制这一批货物同时出库。

智能仓库必须满足高密度自动存储的需求，对一个正在高速增长、业务不断扩展、品类不断增多的电子商务企业来说尤其如此。在构建高密度存储能力时，要综合考虑效率、准确性、灵活性、可扩展性、方便性、工作环境等，保证大量拆零拣选商品品项超过 10 000 以上也能得到自由扩展。

智能化的高密度存储是物流仓库发展的必然趋势，这里涉及稳定高效运行的 IT 系统、对消费数据以及商品数据的分析应用，以及仓库的科学合理布局，最后呈现出来的就是空间能力的最大化以及时间的精准和效率的可测算。

未来，或许每一个仓库都是智能仓库，无人高效，可容纳万物。

请同学们结合本任务所学知识，借助互联网查阅资料，总结旋转货架式自动化仓库的特点、分类及应用等。

像"回转寿司"一样的旋转货架，可用于冷库！

问题引导

引导问题 1：什么是旋转货架式自动化仓库？旋转货架式自动化仓库具备哪些功能？

引导问题 2：旋转货架式自动化仓库可分为哪几类？

知识准备

本任务的知识图谱如图 2-3-2 所示。

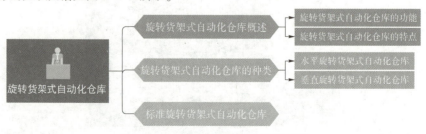

图 2-3-2　项目二任务三的知识图谱

一、旋转货架式自动化仓库概述

1. 旋转货架式自动化仓库的功能

旋转货架操作简单，存取作业迅速，适用于制造业中对电子元件、精密机械等小批量多品种小物品的储存及管理。旋转货架转动的速度很快，可以达到 30 m/min。旋转货架的存取效率很高，可通过计算机控制实现自动存取和自动管理，其通过计算机的快速检索功能可迅速寻找储位，快捷拣货，储存物可以是纸箱、包、小件物品。取料口高度符合人体工程学，适合操作人员长时间作业。由于旋转货架可适用于各种空间配置，存取出/入口固定，所以空间利用率较高。

旋转货架一般有水平旋转和垂直旋转两种形式。水平旋转货架又分为一台电动机驱动和多台电动机驱动两种形式。一台电动机驱动形式的旋转货架是把上、下各层货物连在一起，实现水平方向旋转。另外一种水平旋转旋转货架是各层均有一台电动机驱动，可实现各层独立转动。垂直旋转货架的原理与水平旋转货架原理大致相同，只是旋转方向垂直于水平面，充分利用了上部空间。这是一种节省空间的仓储设备，比一般传统式置轻型货架节省了 1/2 以上的货架摆放面积，但其旋转速度比水平旋转货架慢，约为 5~10 m/min。垂直旋转货架可以设计成独立式的，根据用户需要可任意组合。由旋转货架组成的自动旋转货架，单位储存成本低，安装容易，是一种自动化的储存设备，适用于小批量多品种高效率的存取。例如：冈村开发出来的一种多层且独立回转的棚架系统，一台设备可以轻松管理数千项货品，对合理管理庞大且多样货品的大规模仓库而言是最适合的系统。

这种多层水平式回转自动化仓库是能够使出/入库频率高且品种多的物品、商品加快出/入库速度的水平回转仓储系统。它使"保管""找""运"3 种机能成为一体，既有独特的外观，又有拣取速度快、省人、省空间等许多优点。"保管"，指的是可以根据保管物的形态和数量进行尺寸的选择，这是高效率的保管方式。"找"，就是只要把想要进行出/入库的位置指示出来，所需物品就会很快地被"呼唤"出来。和上位的信息管理系统的连接更能够制成高效率的优秀的出/入库系统。"运"，即各层独立水平回转的仓储空间具有搬送机能，所以拣取物品时操作人员不需要走来走去。

> **思政园地**
>
> **自动化技术在自动旋转货架中的应用**
>
> 制造领域的法则是，一切的设想或者理想都必须通过具体的设备来实现。毫无疑问，自动旋转货架也是建立在众多硬件设备支持的基础之上才得以完成其行云流水的功能。自动化技术，就是这个舞台上绚丽的精灵。
>
> 在高效、省力和自动化的物流流程的建设中，自动化仓库的选择至关重要。对于优秀的自动旋转货架，现代自动化技术的应用起着决定性的作用。

扫一扫

扫描二维码查看旋转货架的运行过程。

> 为了建设高效、省力化和自动化的物流配送中心，设计者和应用商必须认真思考的问题是——选用什么样的搬运设备才能满足进货、发货要求？选用什么样的储存设备才能方便而高效地存取货物？选用什么样的运送设备才能使货物由这个作业区快速、高效和准确地移动到另一个作业区？
>
> 毛泽东同志讲过"实践出真知"，这说明真正的知识只能从实践中获得。习近平总书记说过："调查研究是谋事之基、成事之道。没有调查，就没有发言权，更没有决策权。"这表明习近平总书记非常重视调查研究，重视实践，并深刻理解到实践是理论之源。
>
> 在自动化技术应用过程中，要注重实践，善于总结和积累，树立正确的科学发展观。

2. 旋转货架式自动化仓库的特点

物流装备水平在一定程度上代表了社会物流的发展水平，由传统物流向现代物流的发展演变过程也体现了物流装备发展的不同阶段。从总体上看，物流装备的发展经历了由机械化到自动化，再到智慧化的发展历程。

在旋转货架式自动化仓库中，根据指令承载料箱的托盘（移动式货位）固连在链轮链条机构的链条上，托盘随链条移动到指定位置，以待拣货出库。旋转货架式自动化仓库种类较多。

这种操作简单、存取作业迅速的旋转货架式自动化仓库的特点如下：

（1）省人力，增加空间；
（2）由标准化的组件构成，可适用于各种空间配置；
（3）存取出/入口固定，货品不易丢失；
（4）可通过计算机快速检索和寻找储位，拣货快捷；
（5）取料口高度符合人机工程学，适合操作人员长时间工作；
（6）储存物可以是纸箱、包、小件物品；
（7）需要电源，且维修费高。

学一学

扫描二维码查看自动旋转货架的前景。

二、旋转货架式自动化仓库的种类

1. 水平旋转货架式自动化仓库

多层水平旋转货架式自动化仓库的各层独立旋转，可加快物料出/入库速度，具有保管、检索、分类等功能，效率高，分拣速度快。图 2-3-3 所示为水平旋转货架式自动化仓库及其构件名称。图 2-3-4 所示为水平旋转货架式自动化仓库实体，其各层可以独立旋转，旋转方向如箭头所示。图 2-3-5 所示为水平旋转货架基本原理及相关尺寸名称。图 2-3-6 所示为水平旋转货架特征，即各层独立按照需要的方向转动。

图 2-3-3　水平旋转货架式自动化仓库及其构件名称

图 2-3-4　水平旋转货架式自动化仓库实体

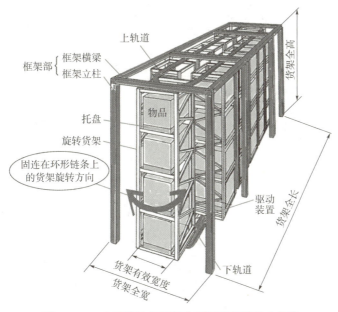

图 2-3-5　水平旋转货架基本原理及相关尺寸名称

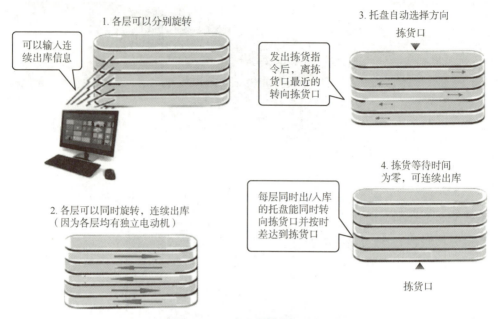

图 2-3-6 水平旋转货架特征

图 2-3-7 所示为高层水平旋转货架式自动化仓库,其容量大、拣货效率高。图 2-3-8 所示为大型旋转货架式自动化仓库。高层水平旋转货架的最大特征是各层都能同时独立按不同方向旋转。图 2-3-9 所示为水平旋转货架式自动化仓库的特征。

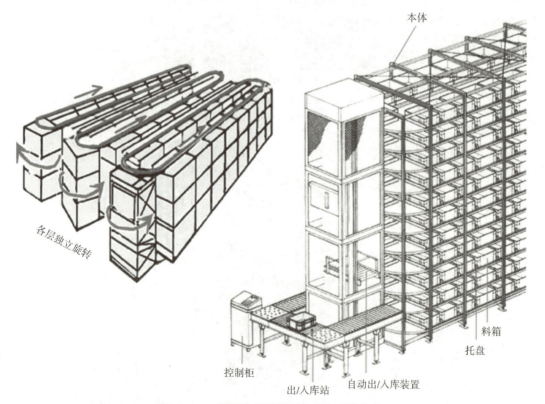

图 2-3-7 高层水平旋转货架式自动化仓库

图 2-3-8　大型旋转货架式自动化仓库

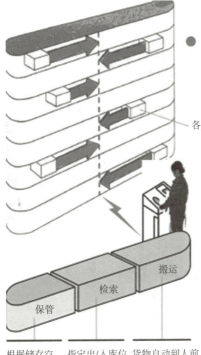

● 特点：出库频率高，具有保管、检索、搬运功能，拣货速度快，节省人力和空间

各层货架独立转动

● 高速出/入库

因为各层独立转动，货物依次快速到达，等待时间短，作业速度快

根据储存空间选择货物的尺寸、数量

指定出/入库位置呼出物品，连接上级计算机应用出/入库系统

货物自动到人前

● 人等货，不疲劳，误拣率极低

● 节省空间

没有通道，高密度保管，高层化，自动出/入库，比平库节约30％

● 信息联机化

利用标准在库管理系统，出/入库作业、在库管理效率高。信息系统和周边系统、物流系统在线连接。

图 2-3-9　水平旋转货架式自动化仓库的特征

2. 垂直旋转货架式自动化仓库

垂直旋转货架类似垂直提升机，在两端悬挂有成排的货格，货架可以正转，也可以反转。货架的高度为 2~6 m，正面宽 2 m 左右，单元货位载重 100~400 kg，回转速度为 6 m/min 左右。垂直旋转货架属于拣选型货架。其占地空间小，存放的货物品种多，最多可达 1 200 种左右。货架货格的小格可以拆除，这样可以灵活地储存各种尺寸的货物。在货架的正面及背面均设置拣选台面，可以方便地安排出/入库作业。用开关按钮即可轻松地进行旋转控制，也可以利用计算机操作控制，形成联动系统，将指令要求的货层经最短的路程送至要求的位置。

垂直旋转货架式自动化仓库的原理与水平旋转货架式自动化仓库大致相同，只是旋转方向垂直于水平面，充分利用了上部空间。垂直旋转货架特别适用于存放长卷状货物，如地毯、地板革、胶片卷、电缆卷等。图 2-3-10 所示为垂直旋转货架式自动化仓库主要部分名称。

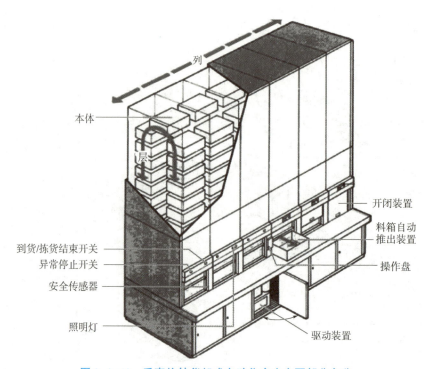

图 2-3-10　垂直旋转货架式自动化仓库主要部分名称

带你了解货到人旋转货架

三、标准旋转货架式自动化仓库

图 2-3-11 所示为标准旋转货架式自动化仓库的基本形式，一种是节约空间型，另一种是大

容量高速出/入库型。根据实际情况可以在此基础上增加或减少货位来满足实际需要。

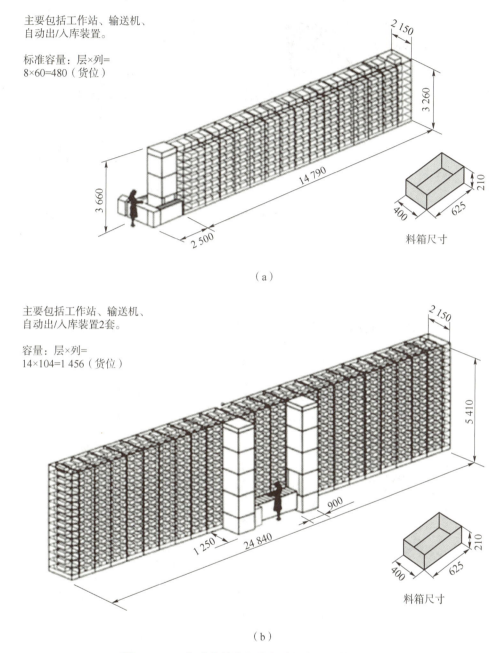

图 2-3-11　标准旋转货架式自动化仓库的基本形式

(a) 节约空间型；(b) 大容量高速出/入库型

图 2-3-12 所示为水平旋转货架式自动化仓库硬件系统及其在线控制。图中右侧为标准硬件系统构成及其技术参数，左侧为在线实时管理。只要连续输入出/入库物品的代码及其数量，旋转货架就把物品自动旋转到指定工作站，按照"人等货"的拣货方法，拣货员按单取出相应数量后，料框自动返回水平旋转货架式自动化仓库。

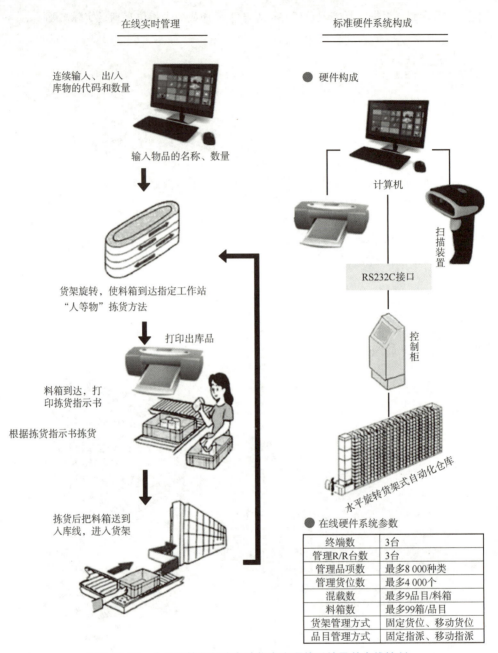

图 2-3-12 水平旋转货架式自动化仓库硬件系统及其在线控制

学一学

扫描二维码查看旋转货架式自动化仓库及轻负荷容器式自动化仓库的性能比较。

任务实施

步骤一：旋转货架的主要构成
请利用互联网查阅资料，梳理旋转货架的主要构成。

步骤二：旋转货架中的自动化技术
请结合所学知识梳理、总结旋转货架中的自动化技术有哪些？

任务评价

学生自评表

班级		姓名		学号	
任务名称		旋转货架式自动化仓库			
评价项目（占比）		评价标准		分值	得分
考勤（10%）	无故旷课、迟到、早退（出现一次扣10分）			10	
	请假（出现一次扣2分）				
学习能力（10%）	合作学习能力	小组合作参与程度（优6分，良4分，一般2分，未参与0分）		6	
	个人学习能力	个人自主探究参与程度（优4分，良2分，未参与0分）		4	
工作过程（60%）	旋转货架的主要构成	能准确梳理旋转货架的主要构成（每错一处扣5分）		30	
	旋转货架中的自动化技术	能梳理、总结旋转货架中的自动化技术（每错一处扣5分）		30	
工作成果（20%）	成果完成情况	能按规范及要求完成任务环节（未完成一处扣2分）		10	
	成果展示情况	能准确展示旋转货架式自动化仓库的功能、种类以及旋转货架中的自动化技术（失误一次扣5分）		10	
得分					

小组自评表

班级			本组组别					
本组成员名单	组长： 组员：							
任务名称		旋转货架式自动化仓库						
评价项目 （占比）		评价标准	分值	组别				
				得分	得分	得分	得分	得分
考勤 （10%）	无故旷课、迟到、早退（出现一次扣10分）		10					
	请假（出现一次扣2分）							
学习能力 （10%）	合作学习能力	小组合作参与程度（优6分，良4分，一般2分，未参与0分）	6					
	个人学习能力	个人自主探究参与程度（优4分，良2分，未参与0分）	4					
	旋转货架的主要构成	能准确梳理旋转货架的主要构成（每错一处扣5分）	30					
	旋转货架中的自动化技术	能梳理、总结旋转货架中的自动化技术（每错一处扣5分）	30					
工作成果 （20%）	成果完成情况	能按规范及要求完成任务环节（未完成一处扣2分）	10					
	成果展示情况	能准确展示旋转货架式自动化仓库的功能、种类以及旋转货架中的自动化技术（失误一次扣5分）	10					
得分								

教师评价表

任务名称		旋转货架式自动化仓库			
授课信息					
班级		组别	姓名	学号	
评价项目 （占比）		评价标准		分值	得分
考勤 （10%）	无故旷课、迟到、早退（出现一次扣10分）			10	
	请假（出现一次扣2分）				
学习能力 （10%）	合作学习能力	小组合作参与程度（优6分，良4分，一般2分，未参与0分）		6	
	个人学习能力	个人自主探究参与程度（优4分，良2分，未参与0分）		4	
	旋转货架的主要构成	能准确梳理自动旋转货架的主要构成（每错一处扣5分）		30	
	旋转货架中的自动化技术	能梳理、总结旋转货架中的自动化技术（每错一处扣5分）		30	
工作成果 （20%）	成果完成情况	能按规范及要求完成任务环节（未完成一处扣2分）		10	
	成果展示情况	能准确展示旋转货架式自动化仓库的功能、种类以及旋转货架中的自动化技术（失误一次扣5分）		10	
得分					

项目二　自动化立体仓库设备与应用

综合评价表

班级		姓名		学号	
自评得分（20%）		小组互评得分（20%）		教师评价得分（60%）	综合得分

评语：

反思总结

在任务的学习过程中，遇到了哪些困难？这些困难是如何解决的？

任务四 堆 垛 机

任务目标

通过本任务的学习,可以达成以下目标。

学习目标	(1) 了解堆垛机的定义和发展趋势; (2) 掌握巷道式堆垛机的概念和特征; (3) 理解堆垛机的分类和主要技术要求; (4) 掌握堆垛机的结构; (5) 掌握堆垛机的出/入库作业流程; (6) 熟悉堆垛机的日常维护与保养。
素质目标	通过我国智能仓库内堆垛机的使用场景激发学生的专业自豪感和爱国情怀。

任务引领

堆垛机是自动化立体仓库中最关键的设备,具有节约用地和人力、作业迅速准确等优点,其性能直接影响整个自动化立体仓库系统的能力,同时,其成本也决定着自动化立体仓库的建设投入。

近年来,随着烟草企业管理水平的不断提高和对降本增效的需求,建设一个既能满足系统需求又相对经济的自动化立体仓库成为必须解决的问题。

堆垛机发展至今,其功能和结构已经非常成熟,单机生产成本的控制空间已非常有限。但在某些特殊领域,如果一台堆垛机能在两个或者多个巷道间自动运行并满足系统需求,将在很大程度上降低自动化立体仓库的成本投入。

医药行业:自动化立体仓库之堆垛机立体库(仓库实拍)

请结合本任务所学知识,借助互联网查阅资料,总结堆垛机的特点、分类及系统结构等。

问题引导

引导问题1:什么是堆垛机?堆垛机在仓库中的用途是什么?

引导问题 2：堆垛机的技术要求是什么？

知识准备

本任务的知识图谱如图 2-4-1 所示。

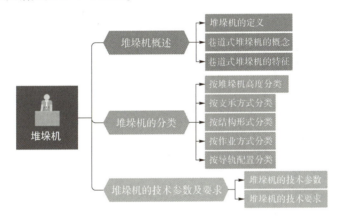

图 2-4-1　项目二任务四的知识图谱

一、堆垛机概述

1. 堆垛机的定义

堆垛机是自动化立体仓库输送系统的核心设备，是重要的起重运输装置。它是在计算机技术的操作下，在自动化立体仓库的巷道间沿着导轨道来回穿梭，然后将位于巷道口的货物存入货位，或根据指令取出货位内的货物运送至巷道口，其凭借机械化及自动化管理系统独立完成出/入库作业。

学一学

扫描二维码查看堆垛机的发展趋势。

2. 巷道式堆垛机的概念

巷道式堆垛机是由叉车、桥式堆垛机演变而来的一种机器设备，是自动化立体仓库中用于搬运和存取货物的主要设备。巷道式堆垛机是通过运行机构、起升机构和货叉机构的协调工作，完成货物在货架范围内的纵向和横向移动，实现货物的三维立体存取的设备。

桥式堆垛机由于桥架笨重因而运行速度受到很大的限制，它仅适用于出/入库频率不高或存放长形原材料和笨重货物的仓库。巷道式堆垛机的主要用途是在高层货架的巷道内来回穿梭运行，将位于巷道口的货物存入货格，或者取出货格内的货物运送到巷道口。

3. 巷道式堆垛机的特征

巷道式堆垛机主要具有以下 5 个特征。

（1）整机结构高而窄。采用有轨巷道式堆垛机的高架仓库货架很高，而货架巷道非常狭窄，堆垛机的宽度一般只与所搬运的单元货物的宽度相等。

（2）结构的刚度和精度要求高。巷道式堆垛机的金属结构设计除需满足强度要求外，还要满足结构的刚度和精度要求。制动时，机架顶端水平位移一般要求不超过 20 mm，结构振动衰减时间要短。载货台在立柱上的升降导轨的不垂直度一般要求不超过 3~5 mm。

（3）取物装置复杂。巷道式堆垛机配备有特殊的取物装置，常用的有伸缩货叉、伸缩平板，工作时，能对两侧货架作业，存取货物。

（4）巷道式堆垛机的电力拖动系统要同时满足快速、平稳和准确 3 个方面的要求。一般要求停车定位精度≤±5 mm，起升定位精度≤±3 mm。

（5）安全要求高。必须配备齐全的安全装置，并在电气控制上采取一系列连锁和保护措施。

二、堆垛机的分类

1. 按堆垛机高度分类

按堆垛机高度可分为低层型、中层型和高层型。

（1）低层型堆垛机：起升高度在 5 m 以下，主要用于分体式高层货架仓库及简易立体仓库。

（2）中层型堆垛机：起升高度为 5~15 m。

（3）高层型堆垛机：起升高度在 15 m 以上，主要用于一体式高层货架仓库。

2. 按支承方式分类

按支承方式可分为悬挂式、地面支承式两种。

（1）悬挂式堆垛机：行走机构安装在堆垛机门架的上部，地面上也铺设有导轨。

（2）地面支承式堆垛机：行走轨道铺设于地面上，上部导轮用来防倾倒或摆动。

3. 按结构形式分类

按结构形式可分为单立柱堆垛机和双立柱堆垛机，如图 2-4-2 所示。

（1）单立柱堆垛机：由一个立柱组成，自重小、刚度差，起重量 2 000 kg 以下。

（2）双立柱堆垛机：由两个立柱组成，刚度好、速度快，起重量可达 5 000 kg，如图 2-4-3 所示。

（3）双立柱双轨宽轨距堆垛机

这种堆垛机多用于机场集装箱自动化仓库，其起重能力较强。

（4）四立柱堆垛机

图 2-4-4 所示为四立柱堆垛机，它用于大吨位装载单元的搬运作业。

图 2-4-2 单立柱与双立柱堆垛机
（a）单立柱堆垛机；（b）双立柱堆垛机

项目二 自动化立体仓库设备与应用

图 2-4-3 双立柱堆垛机

图 2-4-4 四立柱堆垛机

4. 按作业方式分类

按作业方式分可分为单元式、拣选式、拣选-单元混合式 3 种类型。

（1）单元式堆垛机：是对托盘单元进行出/入库作业的堆垛机。

（2）拣选式堆垛机：是由操作人员向（或从）货格内的托盘（或货箱）中存入（或取出）少量货物，进行出/入库作业的堆垛机，其特点是没有货叉。

（3）拣选-单元混合式堆垛机：具有单元式堆垛机与拣选式堆垛机的综合功能，其载货台上既有货叉装置，又有司机室，可以满足两种作业方式的要求。

5. 按导轨配置分类

1）直线导轨式堆垛机

图 2-4-5 所示为直线导轨式堆垛机，其应用最广泛。

2）曲线导轨式堆垛机

图 2-4-6 所示为曲线导轨式堆垛机，其出/入库频率低。

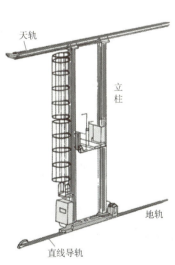

图 2-4-5 直线导轨式堆垛机

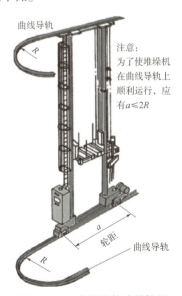

图 2-4-6 曲线导轨式堆垛机

3）横移导轨式堆垛机

图2-4-7所示为用于出/入库频率不高的自动化仓库中的横移导轨式堆垛机。

图 2-4-7　横移导轨式堆垛机

立体仓库堆垛机演示

4）辅助导轨式堆垛机

辅助导轨式堆垛机的意义和曲线导轨式堆垛机一样，它可由一条导轨过渡到另一条导轨，使用频率较低。

三、堆垛机的技术参数及要求

1. 堆垛机的技术参数

1）速度参数

速度参数主要包括水平运行速度、起升速度、货叉伸缩速度。

堆垛机一般具有变频调速功能。这3项参数的大小直接关系到出/入库频率的高低。

2）尺寸参数

尺寸参数主要包括起升高度、存取高位极限高度、存取低位极限高度、整机全长。

堆垛机尺寸参数影响对有效空间的合理利用、库容量的增加，也是评价堆垛机设计水平的标准之一。

3）其他技术参数

其他技术参数主要包括额定载重量、电源类型及额定功率、货叉下挠度、堆垛机的噪声以及电动机减速机的可靠性等。

> **思政园地**
>
> 　　随着电子商务平台的日益发展、仓库规模的扩大，过去依靠传统人力进行的仓库搬运、存储、仓储管理已经不能够满足现在大量生产、仓储管理的电子商务模式。
>
> 　　智能仓储堆垛机凭借作业效率高、可提高仓库利用率、作业过程无须人工干预、自动化程度高、便于管理等优势在不同程度上得到了广泛应用和发展，受到很多企业的青睐（图2-4-8）。

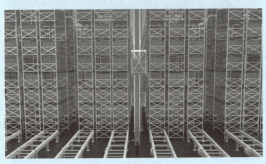

图 2-4-8　智能仓储堆垛机

数智化升级已经成为企业降本增效、简化管理的"必选项"。在仓储物流环节，随着业务需求日趋复杂，柔性、离散的物流子系统不断涌现，各种类型的机器人、自动化装备大量应用于物流行业。

由此，我国数智化时代的不断发展值得我们每一个人为之自豪，与此同时，更加要培养爱国情怀，并不断为之奋斗，促进我国不断向前。

2. 堆垛机的技术要求

1）堆垛机的正常工作条件

堆垛机正常工作环境温度范围为 $-5 \sim 40$ ℃，在 24 h 内平均温度不超过 35 ℃，在 40 ℃ 的温度条件下相对湿度不超过 50%。

堆垛机工作环境的污染等级应在国家规定范围之内。

供电电网进线电源应为频率 50 Hz、电压 380 V 的三相交流电，电压波动的允许偏差为 $\pm 10\%$。

2）对通用零部件的要求

（1）对链条和链轮的要求。要求采用短截距精密滚子链。链轮的齿形和公差应符合国标 GB 1244 的规定。特别是要求链轮的轮齿和凹槽不得有损伤链条的表面缺陷。此外，必须经常润滑链条和链轮。链条强度许用安全系数不得小于 6。

（2）对钢丝绳的要求。钢丝绳必须采用 GB 8918 国标中规定的圆股钢丝绳。钢丝绳强度许用安全系数不得小于 6。

（3）为了防止堆垛机停止时产生冲击和振动，必须采用缓冲器减振。要求缓冲器能承受堆垛机在 70% 的额定载荷运行速度下的撞击。

（4）对螺栓和螺母的要求。要求主要受力部件所用螺栓性能等级不低于 8.8 级，螺母性能等级不低于 8 级。要求高强度螺栓性能等级不低于 10.9S 级，高强度螺母性能等级不低于 10H 级。

学一学

扫描二维码查看堆垛机的性能要求。

任务实施

步骤一：堆垛机的结构
请利用互联网查阅资料，梳理巷道式堆垛机的工作原理以及系统结构。

步骤二：堆垛机的作业流程
请利用互联网查阅资料，绘制堆垛机的出/入库作业流程。

步骤三：堆垛机的日常维护与保养
为了保证堆垛机的正常运转，仓库应该如何进行堆垛机的日常维护与保养？

学生自评表

班级		姓名		学号		
任务名称		堆垛机				
评价项目（占比）	评价标准				分值	得分
考勤（10%）	无故旷课、迟到、早退（出现一次扣10分）				10	
	请假（出现一次扣2分）					
学习能力（10%）	合作学习能力	小组合作参与程度（优6分，良4分，一般2分，未参与0分）			6	
	个人学习能力	个人自主探究参与程度（优4分，良2分，未参与0分）			4	
工作过程（60%）	堆垛机的结构	能准确梳理巷道式堆垛机的工作原理以及系统结构（每错一处扣3分）			20	
	堆垛机的作业流程	能准确绘制堆垛机的出/入库作业流程（每错一处扣3分）			20	
	堆垛机的日常维护与保养	能梳理、总结堆垛机的日常维护与保养规范（每错一处扣3分）			20	
工作成果（20%）	成果完成情况	能按规范及要求完成任务环节（未完成一处扣2分）			10	
	成果展示情况	能准确展示堆垛机的系统结构、出/入库作业流程以及日常维护与保养（失误一次扣5分）			10	
得分						

小组自评表

班级		本组组别						
本组成员名单	组长： 组员：							
任务名称	堆垛机							
评价项目（占比）	评价标准		分值	组别				
				得分	得分	得分	得分	得分
考勤（10%）	无故旷课、迟到、早退（出现一次扣10分）		10					
	请假（出现一次扣2分）							
学习能力（10%）	合作学习能力	小组合作参与程度（优6分，良4分，一般2分，未参与0分）	6					
	个人学习能力	个人自主探究参与程度（优4分，良2分，未参与0分）	4					

续表

评价项目 （占比）		评价标准	分值	组别			
				得分	得分	得分	得分
学习能力 （10%）	堆垛机的结构	能准确梳理巷道式堆垛机的工作原理以及系统结构（每错一处扣3分）	20				
	堆垛机的作业流程	能准确绘制堆垛机的出/入库作业流程（每错一处扣3分）	20				
	堆垛机的日常维护与保养	能梳理、总结堆垛机的日常维护与保养规范（每错一处扣3分）	20				
工作成果 （20%）	成果完成情况	能按规范及要求完成任务环节（未完成一处扣2分）	10				
	成果展示情况	能准确展示堆垛机的系统结构、出/入库作业流程以及日常维护与保养（失误一次扣5分）	10				
得分							

教师评价表

任务名称		堆垛机					
授课信息							
班级		组别		姓名		学号	

评价项目 （占比）		评价标准	分值	得分
考勤 （10%）	无故旷课、迟到、早退（出现一次扣10分）		10	
	请假（出现一次扣2分）			
学习能力 （10%）	合作学习能力	小组合作参与程度（优6分，良4分，一般2分，未参与0分）	6	
	个人学习能力	个人自主探究参与程度（优4分，良2分，未参与0分）	4	
工作过程 （60%）	堆垛机的结构	能准确梳理巷道式堆垛机的工作原理以及系统结构（每错一处扣3分）	20	
	堆垛机的作业流程	能准确绘制堆垛机的出/入库作业流程（每错一处扣3分）	20	
	堆垛机的日常维护与保养	能梳理、总结堆垛机的日常维护与保养规范（每错一处扣3分）	20	
工作成果 （20%）	成果完成情况	能按规范及要求完成任务环节（未完成一处扣2分）	10	
	成果展示情况	能准确展示堆垛机的系统结构、出/入库作业流程以及日常维护与保养（失误一次扣5分）	10	
得分				

项目二 自动化立体仓库设备与应用

综合评价表

班级		姓名		学号	
自评得分（20%）	小组互评得分（20%）		教师评价得分（60%）		综合得分

评语：

反思总结

在本任务的学习过程中，遇到了哪些困难？这些困难是如何解决的？

任务五 穿梭车

通过本任务的学习，可以达成以下目标。

学习目标	（1）了解密集仓储系统的优点和主要类型； （2）理解穿梭车式密集仓储系统的功能和应用； （3）熟悉穿梭车式密集仓储系统的特点； （4）掌握穿梭车的主要类型； （5）掌握穿梭车系统的作业管理模式。
素质目标	通过我国智能仓库内穿梭车的使用场景激发学生的专业自豪感和爱国情怀。

任务引领

随着电子商务行业的迅猛发展，各大物流服务商如雨后春笋般迅速崛起。其物流系统的服务质量、作业效率和运营成本成为各个服务商的核心竞争力之一。物流系统的高效有序运行离不开各个系统——穿梭车系统、自动分拣系统、高层货架系统等——之间的相互配合。

穿梭车系统作为物流装备技术的一次重大创新，在提高仓储空间利用率，高密度、高效率地存取货物方面具有突出优势。近年来，随着国内土地成本的不断上升以及获得难度的加大，拣选作业需求的大幅增加和复杂度的提高，穿梭车系统得到进一步发展和应用。特别是料箱式穿梭车系统作为"货到人"技术的重要实现方式，得到了越来越多的应用。在技术方面，穿梭车系统向着更高的可靠性、更高的效率、更低的能耗以及更加灵活的货位管理与可扩展性等方向发展。

TGW 特格威经典案例_ 制造行业_ Wurth 穿梭车系统配送中心

请结合本任务所学知识，借助互联网查阅资料，总结穿梭车系统的主要类型、作业模式及作业流程等。

项目二　自动化立体仓库设备与应用

问题引导

引导问题1：什么是穿梭车？穿梭车有哪些种类？

引导问题2：穿梭车系统有哪些基本作业模式？

知识准备

本任务的知识图谱如图2-5-1所示。

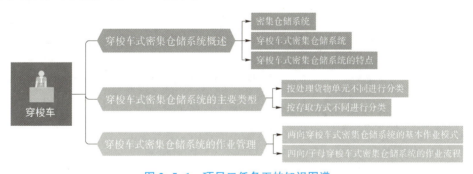

图2-5-1　项目二任务五的知识图谱

一、穿梭车式密集仓储系统概述

1. 密集仓储系统

传统的自动化立体仓库又称为二维仓储系统、AS/RS，它自20世纪50年代诞生以来已经广泛应用于物流和生产活动中。自动化立体仓库主要由巷道、存储货架、堆垛机和出/入库台等组成，堆垛机能够在巷道中沿 x、y 两个方向自主地移动、拣选和卸载货物。货物通常存储在单深位货架里，巷道占据了地面空间相当大的一部分。

在密集仓储系统中，单元货物存储在多深位货架里，比二维存储系统更加节省空间。图2-5-2所示为二维与三维仓储系统的对比，它说明密集仓储系统比传统二维仓储系统更加节省空间。

· 075 ·

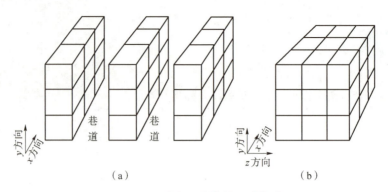

图 2-5-2 二维与三维仓储系统的对比
(a) 二维仓储系统；(b) 三维仓储系统

和二维仓储系统（自动化立体仓库）相比，密集仓储系统主要有以下两个优势。

一是减少了货道占用的空间，而且大大降低了设备移动所需要的空间，从而提高了仓储密度，使单位面积货物的存储量大大提升。

二是所采用的纵深式货架在纵向能够缩短负载单元间的距离，在横向上能够缩短设备行走的距离和时间，还能够通过对 x、y、z 三个方向的同时运动来缩短货物存取时间，从而大大提高仓储效率。

纵深式货架是密集式仓储系统最重要的组成主体，常见的密集式仓储货架主要有穿梭车式货架、驶入式货架、重力式货架、重型移动式货架、压入式货架、多深位立体仓库货架等。考虑到水平、垂直和深度运动的不同，产生了不同的运载系统（如堆垛机、输送机、穿梭车、升降机），也产生了不同的密集仓储系统，见表 2-5-1。

表 2-5-1 密集仓储系统的主要类型

	x 方向	y 方向	z 方向	应用场景
基于输送机的密集式仓储系统	叉车或堆垛机	叉车或堆垛机	重力或动力输送机	驶入式货架系统、重力式货架系统、压入式货架系统等
基于穿梭车的密集式仓储系统	叉车或堆垛机	叉车或堆垛机	两向穿梭车	穿梭板式密集仓储系统
	穿梭式母车	升降机	穿梭式子车	子母穿梭车式密集仓储系统
	四向穿梭车	升降机	四向穿梭车	四向穿梭车式密集仓储系统

2. 穿梭车式密集仓储系统

穿梭车是物流系统中一种执行往复输送任务的小车，其基本功能是在物流系统中（平面内）通过轨道上的往复运动完成货物单元（主要是托盘和料箱）的输送，如图 2-5-3 所示。穿梭车有两向穿梭车、子母穿梭车、四向穿梭车等类型，它有别于提升机（垂直输送）、自动导引车（自动导向、无轨道）以及堆垛机（托盘式 AS/RS 与箱式 Mini load），穿梭车具有较好的灵活性，能够广泛应用于物流配送中心和生产物流系统。

穿梭车式密集仓储系统是基于高密度货架、穿梭车及升降机、输送机等设备，配合仓库管理系统完成货物出/入库作业，具有较高空间利用率和存取效率的仓储系统，如图 2-5-4 所示。

穿梭车式自动化立体库

项目二　自动化立体仓库设备与应用

图 2-5-3　穿梭车

图 2-5-4　穿梭车式密集仓储系统

穿梭车式密集仓储系统由瑞典 EAB 公司发明，它是物流装备技术的一次重大创新。穿梭车式密集仓储系统是自动化程度较高的密集仓储形式，作为一种独特的自动化物流系统，它主要解决了货物密集存储与快速存取的难题，空间利用率可达 80%~85%，成为应用广泛的新型物流仓储系统。特别是随着穿梭车电池、通信和网络等关键技术的逐步解决，穿梭车式密集仓储系统将得到进一步广泛应用。

3. 穿梭车式密集仓储系统的特点

（1）密集存储。采用高密度货架存储货物，取消了叉车或堆垛机作业通道，大大提高了空间利用率。

（2）快速存取。可实现多维度、多层、多小车同步运作，大大缩短了作业时间；同时，穿梭车具有高度的灵活性，可实现"货到人"拣货，提高工作效率。对比发现，基于堆垛机的 Mini load 自动化系统，每个巷道配置 1 台堆垛机，作业效率一般为 80~150 箱/h（进+出）；而穿梭车货架系统，每个巷道每层配置 1 台穿梭车，单车效率为 60~120 箱/h，受提升机能力影响，每巷道效率可达 600~1 000 箱/h（进+出）。

（3）系统柔性。可根据订单任务量的大小，灵活增减小车数量，适应性强，特别适用于订单波动性较大的仓储环境；同时，当穿梭车发生故障时，可快速更换故障小车，保证仓库运行不受影响。

学一学

扫描二维码查看密集存储多层穿梭车调度系统技术及其应用。

二、穿梭车式密集仓储系统的主要类型

1. 按处理货物单元不同进行分类

根据所处理货物单元的不同，穿梭车式密集仓储系统可以分为托盘式穿梭车系统和料箱式穿梭车系统两大类，其中，前者是密集存储的有效解决方案，后者则为拆零拣选而生，主要用于"货到人"拣选系统。

1）托盘式穿梭车系统

托盘式穿梭车系统主要用于密集存储，其收货系统中主要包括输送机（包括提升机）；存储系统则包括货架、穿梭车、提升机等，有些也采用堆垛机（AS/RS）完成穿梭车的换层；发货系统包括输送机及拣选系统等。有些系统比较简单，如穿梭板可以自行构成系统；有些系统则比较复杂，如采用机器人完成入库码垛和出库拆垛等。

2) 料箱式穿梭车系统

料箱式穿梭车系统主要用于"货到人"拣选系统，其收货系统包括收货换箱工作站和收货输送系统；存储系统包括货架及轨道、穿梭车（包括多层穿梭车、子母穿梭车、四向穿梭车等）、提升机等；发货系统包括拣选工作站、包装工作站和输送系统等，根据实际应用不同，有些系统会更简单或复杂一些。对于以料箱存储为对象的穿梭车式密集仓储系统，主要是为了满足轻量化、高柔性、高速率的货物拣选需要。

2. 按存取方式不同进行分类

按照存取方式的不同，托盘式穿梭车系统和料箱式穿梭车系统均可分为3种类型：穿梭板式、子母穿梭车式和四向穿梭车式密集仓储系统。

1) 穿梭板式密集仓储系统

穿梭板式密集仓储系统也称为两向穿梭车式货架系统，由密集仓储货架、穿梭板、叉车（或堆垛机）和出/入库点组成。叉车（或堆垛机）具备同时在水平和垂直方向移动的能力，它将穿梭板送至待取货物所在深货道首端，穿梭板能够移动到深层货架里面来存取货物，此时叉车（或堆垛机）在深货道首端等待，穿梭车完成取货任务后，由叉车（或堆垛机）将货物送至出库点，如图2-5-5所示。

图 2-5-5　穿梭板式密集仓储系统

2) 子母穿梭车式密集仓储系统

子母穿梭车式密集仓储系统由轨道式密集货架、穿梭车主轨道（垂直于轨道式密集货架的存储巷道）、穿梭式母车、穿梭式子车、货物提升机、进/出库站台和货物输送系统等组成。

其突出特点是穿梭车包括穿梭式母车和穿梭式子车两部分，穿梭式母车载着穿梭式子车在主轨道运行，穿梭式子车在货物存储通道运行，进行货物的存取，穿梭式母车与穿梭式子车在货物存储通道与主轨道的交叉口进行接驳，子母穿梭车如图2-5-6所示。子母穿梭车与各层出/入库点、缓冲站、货物提升机等立体仓库周边设备配合完成高密度仓库中货物的水平运输，这种设计保证了穿梭车在同层或跨层的四向运作，同时也尽可能地降低了调度控制的复杂度，具有行走速度高、定位精度准等特点。

(a)　　　　　　　　　　　　　(b)

图 2-5-6　子母穿梭车

(a) 一套子母穿梭车；(b) 穿梭式子车

3）四向穿梭车式密集仓储系统

四向穿梭车式密集仓储系统也称为可移动立方体结构仓储系统，由轨道式密集货架、穿梭车主轨道（垂直于轨道式密集货架的存储巷道）、四向穿梭车、货物提升机、进/出库站台、货物输送系统等部分组成，能够达到非常高的存储密度和非常短的响应时间，如图2-5-7所示。

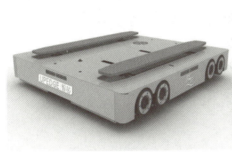

图 2-5-7　四向穿梭车式密集仓储系统

和其他类型的密集仓储系统相比，四向穿梭车式密集仓储系统的最大优点是能够实现在3个维度的独立运动。在每一层，所有货物都存储在一个方向，x方向和z方向移动的穿梭车上，货物提升机负责在不同层之间沿着y轴方向移动。货物提升机的运动独立于四向穿梭车，而位于不同层次的四向穿梭车又可以独立移动。只要前面有空间，同一层次的多个四向穿梭车甚至可以同时移动。

三、穿梭车式密集仓储系统的作业管理

1. 两向穿梭车式密集仓储系统的基本作业模式

1）先入先出货架模式（FIFO模式）

穿梭车从货架一端存托盘，从货架另一端取托盘，可以实现先存入的托盘先取出，遵循按照时间顺序出库的原则；存入托盘定义为A端［图2-5-8（a）中左侧］，取出为B端［图2-5-8（a）中右侧］。

2）后入先出货架模式（LIFO模式）

穿梭车仅从货架一端存托盘，另一端不操作，可以实现后存入的托盘先取出，对出/入库顺序没有时间要求的仓库可以这样操作。托盘存入、取出定义为A端，B端不进行任何操作，如图2-5-8（b）所示。

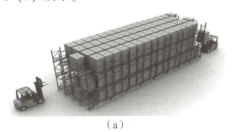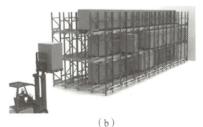

（a）　　　　　　　　　　　　　　（b）

图 2-5-8　两向穿梭车式密集仓储系统的基本作业模式

（a）先入先出货架模式；（b）后入先出货架模式

1)存入托盘

(1)叉车司机先将已经开机准备好的穿梭车放到需要存放作业的巷道轨道端头。

(2)叉车司机将托盘货物叉运至该巷道端头位置。

(3)叉车司机确认存放位置正确后,按下遥控器上的存放托盘按钮后就可以离开了。

(4)穿梭车在单个巷道内首次启动时,先远离端头,再返回至托盘下方,确认对应托盘位置正确后,穿梭车升起,将托盘顶离轨道面。

(5)穿梭车驮着托盘向巷道另一端运行,将该托盘存放在巷道内最远的可存放位置。穿梭车自动判别是否为巷道端头第一个位置,还是第二个或以后的位置。

(6)穿梭车到位置后停止并下降,将托盘放置到轨道上。

(7)在先入先出货架模式作业中,穿梭车在完成上一个动作后在原地待命;在后入先出货架模式作业中,穿梭车在完成上一个动作后,返回到巷道端头第二个托盘位置待命。

2)取出托盘

(1)叉车司机将存放在货架最端头的托盘取走,留出放置穿梭车的位置。

(2)叉车司机将已经开机准备好的穿梭车放到需要存放作业的巷道轨道端头。

(3)叉车司机按下遥控器上的取单个托盘按钮。

(4)穿梭车在接收指令后,向远离巷道端头的方向运动,直至第一个托盘下方停止,确认正对该托盘时,穿梭车升起,将托盘货物顶离轨道面。

(5)穿梭车驮着该托盘,向回来的方向运行直至到巷道端头。穿梭车到位置后,停止并下降,将托盘放置到轨道上。

(6)穿梭车在将该托盘放置到轨道上后,向远离巷道方向运行约大半个托盘位置,以避让叉车司机不小心将叉车的叉子顶到穿梭车上。

(7)执行完该动作后,穿梭车在原地待命。叉车司机可以叉取该托盘货物后离开。

(8)如果叉车司机还需要再取一个托盘,在叉取货物离开前,可以再按下遥控器上的取单个托盘按钮,穿梭车会自动搬运第二个托盘,等待叉车司机来取托盘。

3)整理托盘

巷道整理,是为先入先出货架模式设计的,主要用于节约巷道内空间,以存放更多托盘。其操作方式如下:当巷道内存在较多空位时,且巷道内不够存放空间时,建议对巷道内进行整理,整理结果参照图2-5-9。

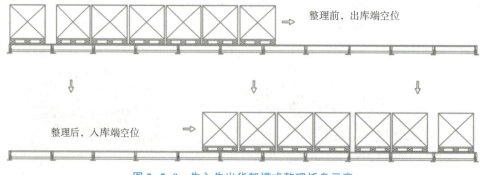

图2-5-9 先入先出货架模式整理托盘示意

2. 四向/子母穿梭车式密集仓储系统的作业流程

四向/子母穿梭车式密集仓储系统的智能化程度更高,能够实现穿梭车同层或跨层存取的自动运行。四向/子母穿梭车式密集仓储系统由穿梭车本体依据作业指令实现同一平层作业巷道的四向物流作业，可实现同层任意储位的存储调度与管理，再结合货物提升机实现智能穿梭单车或存储物品的换平层作业，以实现存储单元在整个存储区域内的三维动态化存储管理，这是穿梭式立体仓库建设与改造的升级换代，也是智能化穿梭车式密集仓储的理想物流形态之一。管理控制信息系统负责整个货架系统内部设备的运行状态监控和调度。货架系统内穿梭车和货物提升机的数量配比、部署位置等由作业需求（作业效率、出/入库方式）决定，可动态调整。货架货位通过存储巷道轨道连接，单一货架层内的存储巷道通过主轨道连接，各个货架层之间的主轨道通过垂直提升机连接，所有相连的轨道形成一个轨道交通网。在这个交通网内，包括存储货位、存储轨道、主轨道、垂直提升机和货架端口等设施设备，其中存储货位位于存储轨道上，存储货位和存储轨道都位于存储巷道内。在一个存储巷道内，存储轨道将多个货位连接形成一个货格。若存储巷道两端均可进/出货物，则还可从存储巷道中部某处将其切分为两个相邻货格。

其执行出/入库复核作业时的作业流程是：系统接收到出/入库指令后，首先对出/入库作业任务进行优化配对，然后发布设备操作指令，单次作业周期内完成一个入库和一个出库任务，即双倍命令周期（Double Command Cycle，DCC），货物提升机将待入库货物运送到货位所对应层的出/入库点并将其放在该层的缓存区中，然后由该层的穿梭车将其运送到相应货位后，再行驶至待出库货物所在列，将货物取出运送至层出/入库点并将其放在该层的缓存区中，穿梭车回归层出/入库点，最后由货物提升机将货物运送至出/入库站台，出/入库任务完成。

同时，根据存取货是否同层及存货层是否有穿梭车考虑是否进行穿梭车换层作业，可分为4种模式，即DCC1模式、DCC2模式、DCC3模式和DCC4模式，如图2-5-10所示。

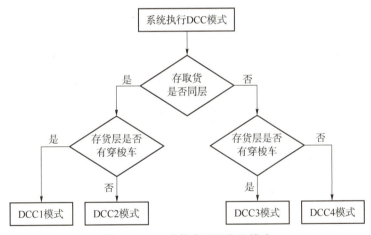

图 2-5-10　穿梭车跨层作业模式

（1）执行DCC1模式。待入库货物与待出库货物位于同一层，且该层有穿梭车。设备执行过程为货物提升机将待入库货物从出/入库站台运送至货位所对应层出/入库点并将其放置在该层缓存区中，随后由该层穿梭车将其运送到货位所对应的货架列口，随后穿梭车进行转向进入货架通道，将货物运送至相应货位后，转向重新回归主巷道行驶至待出库货物所在列口，转向进入货物通道将货物取出后，重新回归主巷道，将货物运送至层出/入库点并将其放在该层的缓存区中，此时穿梭车回归层出/入库点，货物升降机将待出库货物运送至出/入库站台。

（2）执行DCC2模式。待入库货物与待出库货物位于同一层，且待入库货位层没有穿梭车。

设备执行过程为货物提升机将待入库货物从出/入库站台运送到入库货位所对应层出/入库点并将其放在该层缓存区中，与此同时，穿梭车升降机从上一次任务完成点运行至此次过程中系统确定的有穿梭车的货架层，对穿梭车进行接驳，将其运送至待入/出库货位所在层。此后，由穿梭车执行入库以及出库作业，货物提升机完成出库作业任务，返回出/入库站台。

（3）执行 DCC3 模式。待入库货物与待出库货物位于不同层，且待入库货位层有穿梭车。设备执行过程为货物提升机将待入库货物从出/入库站平运送到入库货位点对应的层出/入库点并将其放在该层缓存区中，然后由该层的穿梭车将其运送至相应货位后，穿梭车重新回归主巷道，行驶至货架主巷道末端。在货物提升机与穿梭车运送货物入库整个过程的同时，穿梭车升降机从上一次运送穿梭车位置运行至入库货位所在层，等待接驳穿梭车。之后，穿梭车行驶至主巷道末端并搭载上穿梭车升降机，由穿梭车升降机将其运送至出库货位所在层的主巷道末端，穿梭车从主巷道末端行驶至待出库货物所在列口，转向进入货架通道取出货物后，回归主巷道，将待出库货物送到层出/入库点并将其放在该层的缓存区中，此时穿梭车回归层出/入库点。同时货物提升机从存货位置所在层已运行至出库货位层出/入库点，将待出库货物送到出/入库站台。

（4）执行 DCC4 模式。待入库货物与待出库货物位于不同层，且待入库货位层没有穿梭车。设备执行过程为货物提升机将待入库货物从出/入库站台送到入库货位所对应层出/入库点并将其放在该层缓存区中，与此同时，穿梭车升降机从上一次运送穿梭车的位置运行至此次过程中系统确定的有穿梭车的货架层，对穿梭车进行接驳，将其运送至待入库货位点所在层。此后，由穿梭车执行入库作业，然后通过换层升降机换层至出库货位所在层的巷道末端，执行出库作业并回归层出/入库点，货物提升机完成出库作业任务，返回出/入库站台。

学 一 学

扫描二维码查看穿梭车安全装置设计。

任务实施

步骤一：穿梭车的结构

请利用互联网查阅资料，总结、梳理穿梭车的结构。

步骤二：穿梭车的作业流程

请利用互联网查阅资料，梳理穿梭车的作业流程。

步骤三：穿梭车的日常维护与保养

立体仓库中的穿梭车应该如何进行日常维护与保养？

任务评价

学生自评表

班级			姓名		学号	
任务名称			穿梭车			
评价项目（占比）		评价标准			分值	得分
考勤（10%）	无故旷课、迟到、早退（出现一次扣10分）				10	
	请假（出现一次扣2分）					
学习能力（10%）	合作学习能力	小组合作参与程度（优6分，良4分，一般2分，未参与0分）			6	
	个人学习能力	个人自主探究参与程度（优4分，良2分，未参与0分）			4	
工作过程（60%）	穿梭车的结构	能准确总结、梳理穿梭车的系统构成（每错一处扣3分）			20	
	穿梭车的作业流程	能准确梳理、绘制穿梭车的出/入库作业流程（每错一处扣3分）			20	
	穿梭车的日常维护与保养	能梳理、总结穿梭车的日常维护与保养（每错一处扣3分）			20	
工作成果（20%）	成果完成情况	能按规范及要求完成任务环节（未完成一处扣2分）			10	
	成果展示情况	能准确展示穿梭车的系统构成，作业流程以及日常维护与保养（失误一次扣5分）			10	
得分						

小组自评表

班级			本组组别					
本组成员名单	组长：							
	组员：							
任务名称	穿梭车							
评价项目（占比）		评价标准		分值	组别			
					得分	得分	得分	得分
考勤（10%）	无故旷课、迟到、早退（出现一次扣10分）			10				
	请假（出现一次扣2分）							
学习能力（10%）	合作学习能力	小组合作参与程度（优6分，良4分，一般2分，未参与0分）		6				
	个人学习能力	个人自主探究参与程度（优4分，良2分，未参与0分）		4				
工作过程（60%）	穿梭车的结构	能准确总结、梳理穿梭车的系统构成（每错一处扣3分）		20				
	穿梭车的作业流程	能准确梳理、绘制穿梭车的出/入库作业流程（每错一处扣3分）		20				
	穿梭车的日常维护与保养	能梳理、总结穿梭车的日常维护与保养（每错一处扣3分）		20				
工作成果（20%）	成果完成情况	能按规范及要求完成任务环节（未完成一处扣2分）		10				
	成果展示情况	能准确展示穿梭车的系统构成，作业流程以及日常维护与保养（失误一次扣5分）		10				
		得分						

教师评价表

任务名称		穿梭车			
授课信息					
班级		组别	姓名	学号	
评价项目（占比）		评价标准		分值	得分
考勤（10%）	无故旷课、迟到、早退（出现一次扣10分）			10	
	请假（出现一次扣2分）				
学习能力（10%）	合作学习能力	小组合作参与程度（优6分，良4分，一般2分，未参与0分）		6	
	个人学习能力	个人自主探究参与程度（优4分，良2分，未参与0分）		4	
	穿梭车的结构	能准确总结、梳理穿梭车的系统构成（每错一处扣3分）		20	
	穿梭车的作业流程	能准确梳理、绘制穿梭车的出/入库作业流程（每错一处扣3分）		20	
	穿梭车的日常维护与保养	能梳理、总结穿梭车的日常维护与保养（每错一处扣3分）		20	
工作成果（20%）	成果完成情况	能按规范及要求完成任务环节（未完成一处扣2分）		10	
	成果展示情况	能准确展示穿梭车的系统构成，作业流程以及日常维护与保养（失误一次扣5分）		10	
		得分			

项目二　自动化立体仓库设备与应用

综合评价表

班级		姓名		学号	
自评得分（20%）		小组互评得分（20%）	教师评价得分（60%）		综合得分

评语：

反思总结

在本任务的学习过程中，遇到了哪些困难？这些困难是如何解决的？

项目三　智能装卸搬运设备与应用

任务一　叉　　车

任务目标

通过本任务的学习，可以达成以下目标。

学习目标	（1）理解叉车的定义； （2）理解叉车的特点； （3）熟悉叉车的分类和用途； （4）理解叉车的结构原理与性能参数； （5）了解自动引导车的定义和优点。
素质目标	通过叉车的选型培养学生能够利用马克思主义哲学中对立统一的规律分析、解决问题。

任务引领

近年来，随着工业自动化与智能制造成为主流趋势，物流自动化的趋势不可逆转，包括无人叉车在内的自动化、智能化搬运工具迎来前所未有的发展机遇。特别是 2020 年以来，受疫情影响，企业面临复工率低、人员短缺、人员集中风险、项目现场部署受限等诸多困境，这促使企业快速推进"机器换人"的步伐。

在应用方面，从理论上讲，传统叉车能够应用的场景，无人叉车都能够应用。因此，在无人叉车最初发展的几年间，其应用范围主要集中在烟草、造币、汽车、光伏新能源、橡胶轮胎等行业。

按照产品特性，目前叉车 AGV 应用较多的场景包括高位仓库、库外收货区、产线转运等。尤其是在制造企业的多样化物料搬运作业场景中，无人叉车可根据入库、出库、产线、存储等环节的不同需求实现多种功能。

国内首创超重载（20 吨级+）激光导航犀牛叉车 AGV

请结合本任务所学知识，借助互联网查阅资料，总结叉车、叉车 AGV 的特点、分类、日常维护与保养等。

问题引导

引导问题 1：现代物流企业中常见的叉车有哪些？它们有哪些特点？简要说明即可。

引导问题 2：你见到的物流仓库中应用的叉车有哪些主要结构？在现代物流仓库中使用叉车会给仓储作业带来什么好处？

知识准备

本任务的知识图谱如图 3-1-1 所示。

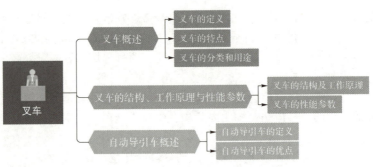

图 3-1-1　项目三任务一的知识图谱

一、叉车概述

1. 叉车的定义

叉车是指具有各种叉具,能够对物品进行升降和移动以及装卸作业的搬运车辆。

叉车是仓储装卸搬运机械中应用最广泛的一种,主要用于仓库内物品的装载搬运,是一种既可做短距离水平运输,又可堆、拆垛和装卸卡车、铁路平板车的机械,在配置其他取物设施以后,还能用于散货和各种规格品种物品的装卸作业,如图3-1-2所示。

图 3-1-2　叉车

2. 叉车的特点

叉车与其他搬运机械一样,能够减轻装卸工人繁重的体力劳动。除了能提高装卸效率,缩短车辆停留时间,降低装卸成本以外,叉车还有以下特点和用途。

(1)机械化程度高。使用各种自动的取物装置或在货叉与货板配合使用的情况下,叉车可以实现装卸工作的完全机械化,不需要工人的辅助体力劳动。

(2)机动灵活性好。叉车外形尺寸小,重量小,能在作业区域内任意调动,适应物品数量及货流方向的改变,可机动地与其他起重运输机械配合工作,提高机械的使用率。

(3)可以一机多用。在配合和使用各种取货装置如货叉、铲斗、臂架、吊杆、货夹、抓取器等的条件下,叉车可以适应各种品种、形状和大小物品的装卸作业。

3. 叉车的分类和用途

根据所用的动力,叉车可以分为内燃机式叉车和蓄电池式叉车。内燃机式叉车又可分为汽油内燃叉车和柴油内燃叉车,前者多用于1~3 t的起重载荷,后者多用于3 t以上的起重载荷。蓄电池式叉车一般用于2 t以下的起重载荷。

根据叉车的结构特点,叉车还可分为平衡重式叉车、前移式叉车、插腿式叉车、回转式叉车和侧面叉车等。

1)平衡重式叉车

平衡重式叉车是使用最为广泛的叉车,如图3-1-3所示。货叉在前轮中心线以外,为了克服货物产生的倾覆力矩,在叉车的尾部装有平衡重。这种叉车适用于在露天货场作业,一般采用充气轮胎,运行速度比较快,而且有较好的爬坡能力。取货或卸货时,门架前移,以便货叉插入,取货后门架后倾,以便在运行中保持货物稳定。

图 3-1-3　平衡重式叉车

平衡重式叉车主要由发动机、底盘（包括传动系统、行驶系统、转向系统、制动系统、车架等）、门架、叉架、液压系统、电气系统及平衡重等部分组成。叉车门架一般为两级门架，起升高度为 2~4 m。当堆垛高度很大而叉车总高受到限制时，可采用三级或多级门架。货叉的升降及门架的倾斜均采用液压系统驱动。一般油缸的活塞杆顶起内门架 1 m，货叉可起升 2 m，即货叉起升速度为内门架速度的 2 倍。

2）前移式叉车

前移式叉车是门架（或货叉）可以前后移动的叉车，如图 3-1-4 所示。运行时门架后移，使货物重心位于前、后轮之间，运行稳定，不需要平衡重，自重小，降低了直角道宽和直角堆垛宽，适合在车间、仓库内工作。

图 3-1-4　前移式叉车

前移式叉车按操作可分为站立式、座椅式；按作业场所可分为普通型、防爆型、冷藏型。

前移式叉车是在车间或仓库内作业时使用最广泛的一种叉车。这种叉车采用蓄电池为动力，不会污染周围的空气。由于前移式叉车在仓库内作业，地面条件好，故一般采用实芯轮胎，车轮直径也比较小。在取货或卸货时，货物随着门架前移到前轮以外，但运行时，门架缩回到车体内，使叉车整体是平衡的。前移式叉车的蓄电池起一定的平衡作用，不需要配备专门的平衡重。车体尺寸较小，转弯半径也小。在巷道内作业时，其巷道宽度比平衡重式叉车小得多，从而可提高仓库面积利用率。

3）插腿式叉车

插腿式叉车的结构非常紧凑。货叉在两个支柱之间，因此无论在取货或卸货时，还是在运行过程中，插脚式叉车都不会失去稳定性。插腿式叉车尺寸小，转弯半径小，在库内作业比较方便。但是货架或货箱的底部必须留有一定高度的空间，以使两个支腿插入。由于支键的高度会影响仓库的空间利用率，必须使其尽量小，故前轮的直径也比较小，对地面平整度的要求就比较高。插腿式叉车的起升机构包括手摇机械式、手动液压式和电动液压式3种，适用于工厂车间、仓库内效率要求不高，但需要有一定堆垛、装卸高度的场合，如图3-1-5所示。

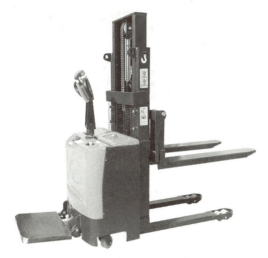

图 3-1-5 插腿式叉车

4）回转叉式叉车

回转叉式叉车又称为无轨巷道堆垛机，是一种专用于货架仓库的叉车，如图3-1-6所示。回转叉式叉车的货叉部分比较复杂，有一个回转机构，还有一个侧移机构，依靠这两个机构的协调动作，货叉可以面向巷道两侧的任意一侧货架，并伸到货格中去完成存取作业，而不需要叉车本身做任何移动，因此所需的巷道（作业通道）宽度最小。回转叉式叉车在巷道内行驶时需要有导轨进行导向，或者用感应线自动导向，以避免叉车碰撞货架。另外，由于货架比较高，需要有自动选层装置在高度方向上辅助定位。

图 3-1-6 回转叉式叉车

高架叉车的起升高度比普通叉车要高，一般在 6 m 左右，最高可达 13 m，提高了空间利用率。

5）侧面叉车

侧面叉车主要用于长料货物的搬运,如图 3-1-7 所示。这种叉车有一个放置货物的平台,门架与货叉在车体的中央,可以横向伸出取货,然后缩回车体内将货物放在平台上即可行走。侧面叉车司机的视野好,所需通道宽度也较小。

图 3-1-7　侧面叉车

叉车保养技术

由于搬运车辆的类型很多,结构特点和功能又不一样,因此在使用选择时,应根据物料的重量、状态、外形尺寸和使用场地的条件进行合理选择,同时应考虑选用适当的托盘配合使用。

学一学

扫描二维码查看各类型叉车的结构特点及用途。

二、叉车的结构、工作原理与性能参数

1. 叉车的结构及工作原理

叉车种类繁多,但不论哪种类型的叉车,基本上都由动力部分、底盘、工作部分和电气设备四大部分构成。这四大部分的结构和安装位置的差异,形成了不同种类的叉车。

1）动力部分

动力部分为叉车提供动力,一般装于叉车的后部,兼起平衡配重作用。

内燃机式叉车的动力部分大多以往复活塞式内燃机为动力。它有汽油机、柴油机以及液态石油气机;电动叉车的动力装置由蓄电池和直流串激电动机构成。近年来,又有新型叉车问世,它们的动力是双燃料或双动力。

传动系统是接受动力并把动力传递给行驶系统的装置。一般有机械式传动系统和液力机械式传动系统两种。前者由摩擦式离合器、齿轮变速器、万向传动装置及装在驱动桥内的主传动装置和差速器组成;后者以液力变矩器取代摩擦式离合器,其余部分与前者相同。近年来,又有新型叉车问世,采用全液压传动系统,减少了传动的元件,保证了可靠性。

2）底盘

底盘接受动力装置的动力,使叉车运动,并保证其正常行走。

行驶系统是保证叉车滚动运行并支撑整个叉车的装置,由支架、车桥、车轮以及悬架装置

等组成。叉车的前桥为驱动桥，这是为了增大有载搬运时的前桥轴荷，提高驱动轮上的附着质量，使地面附着力增加，以确保发动机的驱动力得以充分发挥。其后桥为转向桥。转向装置位于驾驶员前方，变速杆等操纵杆件置于驾驶员座位的右侧。

转向系统是用来使叉车按照驾驶员的意愿所决定的方向行走的系统。转向系统按转向所需能源的不同，可分为机械转向系统和动力转向系统两种。前者以驾驶员的体能为转向能源，由转向器、转向传动机构和操纵机构3个部分组成；后者是兼用驾驶员的体能和发动机动力为转向能源的转向装置。在正常情况下，叉车转向所需能量只有很小一部分由驾驶员提供，大部分由发动机通过转向加力装置提供，但在转向加力装置失效时，一般还应当能由驾驶员独立承担叉车转向任务。叉车作业时，转向行走多变，为减轻驾驶员操纵负担，内燃机式叉车多采用动力转向装置。常使用的动力转向装置有整体式动力转向器、半整体式动力转向器和转向加力器3种。

制动系统是使叉车减速或停车的系统。它由制动器和制动传动机构组成。制动系统按制动能源可分为人力制动系统、动力制动系统和伺服制动系统3种。前者以驾驶员体能为制动能源；中者完全依靠发动机的动力转化而成的气压或液压形式的势能为制动能源；后者是前两者的组合。

3）工作部分

工作部分用来叉取和升降货物。

工作部分是叉车进行装卸作业的直接工作机构，它由以下5个部分组成。

（1）取物工具。它是以货叉为代表的多种工作属具，用于叉取、夹取、铲取货物。

（2）起重货架。它用于安装货叉或其他工作属具，并拖动货物一起升降。

（3）门架。它是工作装置的骨架，工作装置的大部分都安装在门架上。两节式门架由外门架和可沿外门架上、下升降的内门架组成；三节式门架由内、中、外3个门架组成。

（4）门架倾斜机构。它实现门架的前后倾斜，主要由倾斜油缸组成。

（5）起升机构。它包括拖动货物上、下升降的动力装置和牵引装置，主要由链轮、链条和带动货架升降的起升油缸组成。

（6）液压操纵系统。它是对货物的升降和门架的倾斜以及其他由液压系统完成的动作进行适时控制的装置的总合。它由液压元件、管路和操纵机构等组成。

4）电气设备

电气设备主要由蓄电池，叉车照明，各种警告、警报信号装置以及其他电气元件和线路组成。电瓶叉车有串激直流电动机；内燃机式叉车有电动起动机；此外，汽油机式叉车还有高压电火花点火装置。

叉车驾驶员安全操作规范

2. 叉车的性能参数

叉车的主要性能参数包括：额定起重量 Q、载荷中心距 C、叉车全高、最大起升高度、自由起升高度、最小转弯半径 R 等。额定起重量是当载荷中心距不大于额定值时的最大允许起重量。自由起升高度是指叉车全高不变时，货叉的最大起升高度。最小转弯半径越小，叉车在直角通道上转向和直角堆垛时所需的通道宽度也越小。

学一学

扫描二维码查看叉车的技术参数。

三、自动导引车概述

1. 自动导引车的定义

自动导引车通常也称为 AGV 小车,指装备有电磁或光学等自动导航装置,能够沿规定的导航路径行驶,具有安全保护以及各种移载功能的运输车。自动导引车是工业应用中不需要驾驶员的搬运车,以可充电的蓄电池为其动力来源。一般可通过计算机控制其行进路径以及行为,或利用电磁轨道(electromagnetic path-following system)设立其行进路径,电磁轨道粘贴于地板上,自动导引车则依靠电磁轨道所带来的讯息进行移动与动作。

学一学

扫描二维码查看高位前移式叉车 AGV 的应用。

2. 自动导引车的优点

1)自动化程度高

自动导引车由计算机、电控设备、磁气感应传感器、激光反射板等控制。

当车间某一环节需要辅料时,由工作人员向计算机终端输入相关信息,计算机终端再将信息发送到中央控制室,由专业的技术人员向计算机发出指令,在电控设备的合作下,这一指令最终被自动导引车接受并执行,将辅料送至相应地点。

自动导引车经历的三代导航原理

2)充电自动化

当自动导引车的电量即将耗尽时,它会向系统发出请求指令,请求充电(一般技术人员会事先设置好一个值),在系统允许后自动到充电的地方"排队"充电。

另外,自动导引车的电池寿命很长(在 2 年以上),并且每充电 15 min 可工作 4 h 左右。

3)提高企业形象

自动导引车美观,可观赏度高,可提高企业形象。

4)方便,减少占地面积

生产车间的自动导引车可以在各个车间穿梭往复。

思考讨论:

自动导引车在物流仓库中有哪些应用?自动导引车的主要结构是什么?

任务实施

步骤一:叉车的选型与配置

不同的仓储模式需要配置不同的电动叉车,其所实现的匹配模式(是先进先出还是先进后出)、空间利用率、作业效率以及投资成本都会有很大的区别。

请查阅资源,梳理如何进行叉车的选型与配置。

步骤二:叉车安全操作规程

叉车是工业搬运车辆,是指对成件托盘货物进行装卸、堆垛和短距离运输作业的各种轮式搬运车辆,常用于仓储大型物件的运输,通常使用燃油机或者电池驱动。叉车在使用过程中,如果操作不正规,会导致安全事故的发生。

(1)梳理导致仓储作业中叉车安全事故的原因。

(2)利用互联网查阅资料,总结、梳理叉车安全操作规范要求。

步骤三:叉车的维护与保养

对叉车进行有效的维护与保养,不仅可以提高叉车的操作效率,同时有助于延长其使用寿命。

梳理、总结如何对叉车进行维护与保养。

步骤四：叉车 AGV 的日常保养

随着工业自动化与智能制造成为主流趋势，物流自动化趋势不可逆转，包括叉车 AGV 在内的自动化、智能化搬运工具都迎来了前所未有的发展机遇。作为自动化物流的主要实现方式，当前，叉车 AGV 被广泛应用于重复性搬运、搬运工作强度大、工作环境恶劣、环境要求高的场景来保证工作稳定进行。

梳理叉车 AGV 日常保养的内容。

任务评价

学生自评表

班级		姓名		学号	
任务名称		叉车			
评价项目（占比）		评价标准		分值	得分
考勤（10%）	无故旷课、迟到、早退（出现一次扣 10 分）			10	
	请假（出现一次扣 2 分）				
学习能力（10%）	合作学习能力	小组合作参与程度（优 6 分，良 4 分，一般 2 分，未参与 0 分）		6	
	个人学习能力	个人自主探究参与程度（优 4 分，良 2 分，未参与 0 分）		4	
工作过程（60%）	叉车的选型与配置	能准确总结、梳理如何进行叉车的选型与配置（每错一处扣 2 分）		10	
	叉车安全操作规程	能准确分析叉车安全事故发生的原因（每错一处扣 2 分）		10	
		能准确总结、梳理叉车安全操作规范要求（每错一处扣 3 分）		15	
	叉车的维护与保养	能准确梳理、总结叉车的维护与保养内容（每错一处扣 3 分）		15	
	叉车 AGV 的日常保养	能准确梳理、总结叉车 AGV 的日常保养内容（每错一处扣 2 分）		10	
工作成果（20%）	成果完成情况	能按规范及要求完成任务环节（未完成一处扣 2 分）		10	
	成果展示情况	能准确展示叉车的选型与配置、安全操作要求以及日常维护与保养（失误一次扣 5 分）		10	
		得分			

小组自评表

班级			本组组别						
本组成员名单	组长： 组员：								
任务名称	叉车								
评价项目 （占比）	评价标准		分值	组别					
				得分	得分	得分	得分	得分	得分
考勤 （10%）	无故旷课、迟到、早退（出现一次扣10分）		10						
	请假（出现一次扣2分）								
学习能力 （10%）	合作学习能力	小组合作参与程度（优6分，良4分，一般2分，未参与0分）	6						
	个人学习能力	个人自主探究参与程度（优4分，良2分，未参与0分）	4						
工作过程 （60%）	叉车的选型与配置	能准确总结、梳理如何进行叉车的选型与配置（每错一处扣2分）	10						
	叉车安全操作规程	能准确分析叉车安全事故发生的原因（每错一处扣2分）	10						
		能准确总结、梳理叉车安全操作规范要求（每错一处扣3分）	15						
	叉车的维护与保养	能准确梳理、总结叉车的维护与保养内容（每错一处扣3分）	15						
	叉车AGV的日常保养	能准确梳理、总结叉车AGV的日常保养内容（每错一处扣2分）	10						
工作成果 （20%）	成果完成情况	能按规范及要求完成任务环节（未完成一处扣2分）	10						
	成果展示情况	能准确展示叉车的选型与配置、安全操作要求以及日常维护与保养（失误一次扣5分）	10						
得分									

教师评价表

任务名称		叉车				
授课信息						
班级		组别		姓名		学号
评价项目（占比）		评价标准			分值	得分
考勤（10%）	无故旷课、迟到、早退（出现一次扣10分）				10	
	请假（出现一次扣2分）					
学习能力（10%）	合作学习能力	小组合作参与程度（优6分，良4分，一般2分，未参与0分）			6	
	个人学习能力	个人自主探究参与程度（优4分，良2分，未参与0分）			4	
工作过程（60%）	叉车的选型与配置	能准确总结、梳理如何进行叉车的选型与配置（每错一处扣2分）			10	
	叉车安全操作规程	能准确分析叉车安全事故发生的原因（每错一处扣2分）			10	
		能准确总结、梳理叉车安全操作规范要求（每错一处扣3分）			15	
	叉车的维护与保养	能准确梳理、总结叉车的维护与保养内容（每错一处扣3分）			15	
	叉车AGV的日常保养	能准确梳理、总结叉车AGV的日常保养内容（每错一处扣2分）			10	
工作成果（20%）	成果完成情况	能按规范及要求完成任务环节（未完成一处扣2分）			10	
	成果展示情况	能准确展示叉车的选型与配置、安全操作要求以及日常维护与保养（失误一次扣5分）			10	
得分						

综合评价表

班级		姓名		学号	
自评得分（20%）	小组互评得分（20%）		教师评价得分（60%）		综合得分
评语：					

反思总结

在本任务的学习过程中,遇到了哪些困难?这些困难是如何解决的?

任务二　装载机

任务目标

通过本任务的学习，可以达成以下目标。

学习目标	（1）了解装载机的定义； （2）理解和熟悉装载机的用途； （3）理解装载机的结构； （4）理解装载机的选用原则。
素质目标	通过装载机的选型培养学生能够利用马克思主义哲学中对立统一的规律分析、解决问题。

任务引领

装载机是中国工程机械行业中率先打破核心零部件制约，最早实现自主研发的产品门类，其以 ZL50 型装载机为主导产品，历经几代产品的更迭，我国已实现装载机的全面自主研发，掌握了核心技术，桥、箱、泵、阀等零部件已经形成比较完整的配套体系，我国现已能够生产制造各种吨位、满足各种工况应用的装载机产品。国产装载机品牌紧紧把握住研发制造早、技术掌握全、生产质量高以及价格优势大的命脉，外资品牌纵使千方百计使出浑身解数，也很难挤进来。如今的国产装载机品牌已牢牢守住中国市场，并且不断向国际市场渗透。

多功能装载机在综合作业中的应用

2021 年，尽管全球经济仍受疫情等因素影响，但依旧呈现出回暖迹象，徐州工程机械集团有限公司、山东临工工程机械有限公司、广西柳工机械股份有限公司、龙工控股有限公司等领军企业借机大力布局和拓展海外市场，装载机产品出口销量均迎来新的增长。

请结合本任务所学知识，借助互联网查阅资料，总结装载机的用途、分类、结构原理、日常维护与保养等。

问题引导

引导问题 1：什么是装载机？装载机的用途是什么？

引导问题2：在实际业务中应该如何选用合适的装载机？

知识准备

本任务的知识图谱如图3-2-1所示。

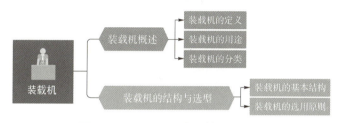

图3-2-1　项目三任务二的知识图谱

一、装载机概述

1. 装载机的定义

装载机是一种广泛用于公路、铁路、建筑、水电、港口、矿山等建设工程的土石方施工机械，它主要用于铲装土壤、砂石、石灰、煤炭等散状物料，也可对矿石、硬土等进行轻度铲挖作业。装载机换装不同的辅助工作装置，还可进行推土、起重和其他物料如木材的装卸作业。

在道路，特别是在高等级公路施工中，装载机用于路基工程的填挖、沥青混合料和水泥混凝土料场的集料与装料等作业，此外还可进行推运土壤、刮平地面和牵引其他机械等作业，如图3-2-2所示。

图3-2-2　装载机

2. 装载机的用途

装载机主要用来铲、装、卸、运土和石料一类散状物料，也可以对岩石、硬土进行轻度铲掘作业，如果换装不同的工作装置，还可以完成推土、起重、装卸其他物料的工作。装载机由于具有作业速度快、机动性好、操作轻便等优点，因此发展很快，成为土石方施工中的主要机械。

> **学一学**
>
> 扫描二维码查看装载机的发展趋势。
>
>

3. 装载机的分类

常用的单斗装载机，按发动机功率、传动形式、行走系结构、装载方式的不同进行分类。

1）发动机功率

（1）功率小于 74 kW 的为小型装载机。

（2）功率为 74~147 kW 的为中型装载机。

（3）功率为 147~515 kW 的为大型装载机。

（4）功率大于 515 kW 为特大型装载机。

2）传动形式

（1）液力-机械传动：冲击振动小，传动件寿命长，操纵方便，车速与外载间可自动调节，一般多用于中大型装载机。

（2）液力传动：可无级调速，操纵简便，但启动性较差，一般仅用于小型装载机。

（3）电力传动：无级调速，工作可靠，维修简单，费用较高，一般用于大型装载机。

3）行走结构

（1）轮胎式：质量小、速度快、机动灵活、效率高、不易损坏路面，接地比压大、通过性差，但被广泛应用。

（2）履带式：接地比压小、通过性好、重心低、稳定性好、附着力强、牵引力大、比切入力大、速度低、灵活性相对差、成本高、行走时易损坏路面。

4）装卸方式

（1）前卸式：结构简单、工作可靠、视野好，适用于各种作业场地，应用较广。

（2）回转式：工作装置安装在可回转 360°的转台上，侧面卸载时不需要调头，作业效率高，但结构复杂、质量大、成本高、侧面稳性较差，适用于较狭小的场地。

（3）后卸式：前端装，后端卸，作业效率高，但作业的安全性有待提高。

二、装载机的结构与选型

1. 装载机的基本结构

装载机的结构如图 3-2-3 所示，它由"两大装置、四大系统"组成，即动力装置、工作装置、传动系统、行走系统、转向系统、制动系统。

（1）发动机。

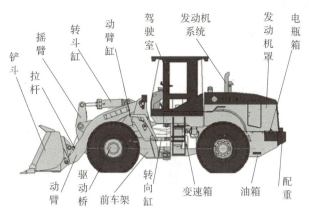

图 3-2-3 装载机的结构

（2）变矩器上有 3 个泵，即工作泵（供应举升、翻斗压力油）、转向泵（供应转向压力油）、变速泵（也称为行走泵，供应变矩器、变速箱压力油），有些机型的转向泵上还装有先导泵（供应操纵阀先导压力油）。

（3）工作液压油路：液压油箱→工作泵→多路阀→举升油缸和翻斗油缸。

（4）行走油路：变速箱油底壳油→行走泵→一路进变矩器一路进挡位阀→变速箱离合器。

（5）驱动：传动轴→主差速器→轮边减速器。

（6）转向油路：油箱→转向泵→稳流阀（或者优先阀）转向器→转向缸。

（7）变速箱有一体的（行星式）和分体的（定轴式）两种。

全面讲解装载机结构

学一学

扫描二维码查看装载机的主要装置。

2. 装载机的选用原则

（1）机型的选择：主要依据作业场合和用途进行选择和确定。一般在采石场和软基地进行作业时，多选用轮胎装载机配防滑链。

（2）动力的选择：一般多采用工程机械用柴油发动机，在特殊地域，如海拔高于 3 000 m 的地方作业时，应采用特殊的高原型柴油发动机。

（3）传动形式的选择：一般选用液力-机械传动。其中关键部件是变矩器形式的选择。我国生产的装载机多选用双涡轮、单级两相液力变矩器。

（4）在选用装载机时，还要充分考虑装载机的制动性能，包括停车制动、紧急制动等。制动器有蹄式、钳盘式和湿式多片式 3 种。制动器的驱动机构一般采用加力装置，其动力源有压缩空气、气顶油和液压式 3 种。常用的是气顶油制动系统，一般采用双回路制动系统，以提高行驶的安全性。

任务实施

步骤一：装载机安全操作规程

装载机安全操作规范

请利用互联网查阅资料，总结、梳理装载机安全操作规程。

步骤二：装载机的维护与保养

装载机维修保养主要事项

请利用互联网查阅资料，梳理、总结如何对装载机进行维护与保养。

步骤三：装载机的检查与修理

装载机的故障与排除

请利用互联网查阅资料,总结应该如何进行装载机的检查与修理。

任务评价

学生自评表

班级		姓名		学号	
任务名称		装载机			
评价项目（占比）		评价标准		分值	得分
考勤（10%）	无故旷课、迟到、早退（出现一次扣10分）			10	
	请假（出现一次扣2分）				
学习能力（10%）	合作学习能力	小组合作参与程度（优6分，良4分，一般2分，未参与0分）		6	
	个人学习能力	个人自主探究参与程度（优4分，良2分，未参与0分）		4	
工作过程（60%）	装载机安全操作规程	能准确总结、梳理装载机安全操作规范要求（每错一处扣3分）		20	
	装载机的维护与保养	能准确梳理、总结装载机维护与保养要求（每错一处扣3分）		20	
	装载机的检查与修理	能准确梳理、总结如何进行装载机的检查与修理（每错一处扣3分）		20	
工作成果（20%）	成果完成情况	能按规范及要求完成任务环节（未完成一处扣2分）		10	
	成果展示情况	能准确展示装载机的安全操作要求、维护与保养以及检查与修理（失误一次扣5分）		10	
		得分			

小组自评表

班级		本组组别					
本组成员名单	组长： 组员：						
任务名称	装载机						
评价项目（占比）		评价标准	分值	组别			
				得分	得分	得分	得分
考勤（10%）	无故旷课、迟到、早退（出现一次扣10分）		10				
	请假（出现一次扣2分）						

续表

评价项目（占比）	评价标准		分值	组别			
				得分	得分	得分	得分
学习能力（10%）	合作学习能力	小组合作参与程度（优6分，良4分，一般2分，未参与0分）	6				
	个人学习能力	个人自主探究参与程度（优4分，良2分，未参与0分）	4				
工作过程（60%）	装载机安全操作规程	能准确总结、梳理装载机安全操作规范要求（每错一处扣3分）	20				
	装载机的维护与保养	能准确梳理、总结装载机维护与保养要求（每错一处扣3分）	20				
	装载机的检查与修理	能准确梳理、总结如何进行装载机的检查与修理（每错一处扣3分）	20				
工作成果（20%）	成果完成情况	能按规范及要求完成任务环节（未完成一处扣2分）	10				
	成果展示情况	能准确展示装载机的安全操作要求、维护与保养以及检查与修理（失误一次扣5分）	10				
得分							

教师评价表

任务名称		装载机					
授课信息							
班级		组别		姓名		学号	

评价项目（占比）	评价标准		分值	得分
考勤（10%）	无故旷课、迟到、早退（出现一次扣10分）		10	
	请假（出现一次扣2分）			
学习能力（10%）	合作学习能力	小组合作参与程度（优6分，良4分，一般2分，未参与0分）	6	
	个人学习能力	个人自主探究参与程度（优4分，良2分，未参与0分）	4	
工作过程（60%）	装载机安全操作规程	能准确总结、梳理装载机安全操作规范要求（每错一处扣3分）	20	
	装载机的维护与保养	能准确梳理、总结装载机维护与保养要求（每错一处扣3分）	20	
	装载机的检查与修理	能准确梳理、总结如何进行装载机的检查与修理（每错一处扣3分）	20	
工作成果（20%）	成果完成情况	能按规范及要求完成任务环节（未完成一处扣2分）	10	
	成果展示情况	能准确展示装载机的安全操作要求、维护与保养以及检查与修理（失误一次扣5分）	10	
得分				

项目三　智能装卸搬运设备与应用

综合评价表

班级		姓名		学号	
自评得分（20%）		小组互评得分（20%）		教师评价得分（60%）	综合得分

评语：

反思总结

在本任务的学习过程中，遇到了哪些困难？这些困难是如何解决的？

项目四 智能拣选设备与应用

任务一 电子标签拣选系统

通过本任务的学习，可以达成以下目标。

学习目标	（1）理解电子标签拣选系统的定义； （2）了解电子标签拣选系统的作用； （3）熟悉电子标签拣选系统的优势； （4）理解电子标签拣选系统的结构和工作原理。
素质目标	树立信息化作业意识，培养学生具有精细作业精神。

任务引领

随着信息化的发展，现代制造企业的生产管理方式越来越趋于智能化，仓储管理也不例外。仓储管理作为企业管理的重要组成部分，是保证生产环节中物料能够及时、准确、有效供应的重要手段，并且能够帮助企业降本增效，实现仓储精细化管理。

目前物流行业正努力从劳动力密集型向技术密集型转变，拣选作业作为仓储物流中心最重要且占用成本最高也最易出差错的的作业，其效率及正确性都会大大影响企业的服务品质。因此，在考虑人工成本及作业效率的条件下，电子标签拣选系统（Digital Picking System, DPS）被大量引进使用。

电子标签拣选系统可以让企业员工实现更快、更精确的订单拣选体验，且其按顺序拣选，可以让消费者享受公平待遇，因此，电子标签拣选系统能够成为市场主流拣选系统不足为奇。

请结合本任务所学知识，借助互联网查阅资料，总结电子标签拣选系统的作用、优势以及工作原理等。

智乐迪科技电子标签拣选系统

问题引导

引导问题1：什么是电子标签拣选系统？电子标签拣选系统的工作原理是什么？

引导问题2：电子标签拣选系统在日常生活中具体有哪些应用？尝试举例说明。

知识准备

本任务知识图谱如图4-1-1所示。

图4-1-1 项目四任务一的知识图谱

一、电子标签拣选系统概述

1. 电子标签拣选系统的定义

电子标签拣选系统以一连串装于货架格位上的电子显示装置（电子标签）取代拣货单，指示应拣取的物品及数量，辅助拣货人员作业，缩短目视寻找的时间，不仅降低了拣错率，更大幅度提高了效率。电子标签拣选系统如图4-1-2所示。

图4-1-2 电子标签拣选系统

电子标签拣选系统是采用先进的电子技术和通信技术开发而成的计算机辅助拣选系统。它通过电子标签设备，通过灯的亮灭、LED 显示的数字，引导拣选员进行拣选，缩短拣选员目视寻找时间，实现无纸化作业。电子标签拣选系统的组合如图 4-1-3 所示。

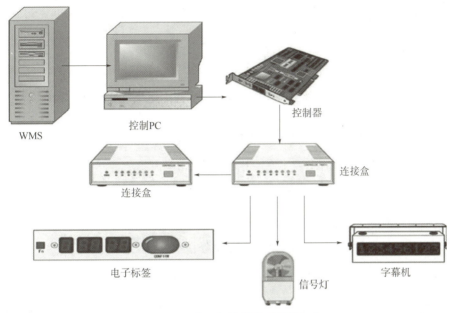

图 4-1-3　电子标签拣选系统的组合

2. 电子标签拣选系统的作用

在现代物流配送中心的各项仓储作业中，拣选作业是一项重要且烦琐的工作，目前绝大多数物流配送中心仍属于劳动力密集型产业，订单的拣选过程是物流配送中心所有作业中最费时费力的，其劳动量占据整个仓储作业的绝大部分比例，因此物流配送中心通过对电子标签拣选系统的投入与使用，可极大降低拣选差错率、缩短拣选时间、降低对操作人员的要求，通过提高拣选效率，节省了大量人力成本，从而为企业创造出更大的利润空间。电子标签拣选系统的应用效果如图 4-1-4 所示。

电子标签拣选系统

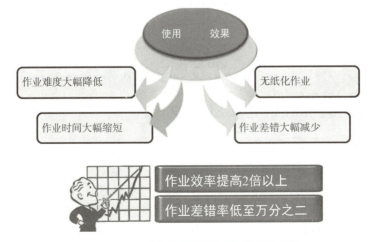

图 4-1-4　电子标签拣选系统的应用效果

3. 电子标签拣选系统的优势

1）实现无纸化作业

出库单、分拣单等纸张单据都不需要打印，出库前单据处理时间相应减少，同时节约纸张，减少成本支出，促进绿色物流的发展。

2）加快拣货速度

（1）可以省略库位寻找和核对的时间；

（2）可以省去品种核对的时间；

（3）被拣库位的直观显示，加上路径优化功能可大大缩短拣货员的行走距离。

3）提高拣货的准确率

（1）拣货员精力主要用于拣货数量的确认，减少了思考、判断的时间；

（2）由于降低了拣货的劳动强度，使工作不易疲劳，工作人员始终可以保持较高效率。

4）降低培训成本

（1）利用电子标签拣选系统，对产品、仓库不熟练的人员也可进行拣货作业，极大地降低了企业的培训和管理成本；

（2）通过拣货效率的提升，使拣货人员数量下降；

（3）培训简单，可以使用兼职人员。

5）可追溯性和记录工作量

可以通过电子标签上唯一的 RFID 地址绑定工作人员，实现订单的可追溯性和人员量化考核的功能。

6）解放双手

工作人员无须持有设备或纸张。

综上所述，电子标签拣选系统大大提升了物流配送中心作业效率、降低了物流成本，同时其可实现与仓储货架系统及其他管理系统的无缝对接。

学一学

扫描二维码查看如何通过 3 个细节大幅提升电子标签分拣效率。

二、电子标签拣选系统的结构及工作原理

1. 电子标签拣选系统的结构

电子标签拣选系统主要采用分层的设计思想，将整个系统分为控制层、通信网络层和应用操作层。其中，PC 是计算机软件技术发展的硬件基础，PC 搭载的控制软件是整个系统的控制中心；下位机及电子标签的光电显示部分则是微电子技术发展的产物，在整个系统中起到提示和引导作用；通信网络部分则是整个系统的"神经"，控制 PC 与下位机及电子标签的光电显示部分之间的通信。以上三大部分就是构成电子标签拣选系统的主要部分，整体结构如图 4-1-5 所示。

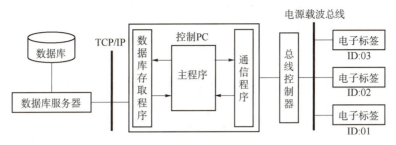

图 4-1-5　电子标签拣选系统整体结构

1) 控制 PC

电子标签拣选系统中的控制 PC 是整个系统的"大脑",即整个系统的控制中心。在控制 PC 中搭载了电子标签拣选系统的操作软件。当有物品需要拣取时,控制 PC 对原始的订单或发货单进行处理,形成拣选信息,并按照一定的原则进行分类;然后,将信息发送给下位机,并通过灯光显示部分提示拣选操作员进行操作。当拣选完成后,下位机将拣取完成的信息发送到控制 PC,控制 PC 接收信息后对数据库中的物品信息进行修改。

2) 下位机及电子标签的光电显示部分

下位机及电子标签的光电显示部分是拣选操作员和拣选系统进行交互的主要部件。电子标签拣选系统的下位机一般采用单片机或可编程逻辑控制器(PLC)来控制光电部分,但随着嵌入式技术的发展,现在也逐渐开始采用微处理器(ARM)来控制光电部分。电子标签的光电显示部分主要用于提示拣选操作员进行拣选作业,并引导拣选操作员直接走到需拣物品的位置,节省了寻找需拣物品的时间。

电子标签的光电显示部分是系统与人最主要的互动部件。其主要作用是给拣选操作员以提示,主要的提示方式有声音提示、灯光提示。声音提示用于提醒拣选操作员有物品需要拣取,一般使用蜂鸣器实现;灯光提示用于指示待拣物品的位置,一般使用发光二极管实现。在拣选数量的显示方面,一般采用八段数码管实现。

3) 通信网络部分

通信网络部分是整个电子标签拣选系统的"神经",它是整个电子标签拣选系统能够快速、准确运行的关键。系统中控制 PC 必须通过通信网络部分才能发送命令到下位机。在通信网络的选择上要选择稳定性高、实时性好、环境适应性强的通信总线,主要包括无线通信网络、CAN 总线通信网络、RS-485 总线通信网络等形式。

2. 电子标签拣选系统的工作原理

电子标签拣选系统是一款能有效提升物流配送作业质量和提高物流配送作业效率并帮助拣选操作员完成拣选操作的系统。其依靠明显的储位灯光的引导,省略了以前的制作订单文件、查找货品等复杂而烦琐的环节,将拣选作业简化为单纯的看、拣、按 3 个动作。

该系统经由控制 PC 将需拣物品信息通过通信网络发送到拣选作业现场,拣选操作员通过观看电子标签上显示的数目来拣取物品,拣取规定数量的物品后按下"完成"键,将完成的信息发送到控制 PC,数据库的库存数量也进行相应的更改,进而完成该位置物品的拣取。

学一学

扫描二维码查看智能仓储中电子标签拣选的流程。

任务实施

步骤一：电子标签拣选系统的工作方式

请利用互联网查阅资料，总结、梳理电子标签拣选系统的工作方式。

步骤二：摘果式电子标签拣选系统的应用

请利用互联网查阅资料，梳理、总结摘果式电子标签拣选系统的实际应用场景。

步骤三：播种式电子标签拣选系统的应用

播种式电子标签拣选系统

请利用互联网查阅资料，梳理、总结播种式电子标签拣选系统的实际应用场景。

任务评价

学生自评表

班级		姓名		学号		
任务名称		电子标签拣选系统				
评价项目（占比）		评价标准			分值	得分
考勤（10%）	无故旷课、迟到、早退（出现一次扣10分）				10	
	请假（出现一次扣2分）					
学习能力（10%）	合作学习能力	小组合作参与程度（优6分，良4分，一般2分，未参与0分）			6	
	个人学习能力	个人自主探究参与程度（优4分，良2分，未参与0分）			4	
工作过程（60%）	电子标签拣选系统的工作方式	能准确梳理、总结电子标签拣选系统的工作方式（每错一处扣3分）			20	
	摘果式电子标签拣选系统的应用	能准确梳理、总结摘果式电子标签拣选系统的实际应用场景（每错一处扣3分）			20	
	播种式电子标签拣选系统的应用	能准确梳理、总结播种式电子标签拣选系统的实际应用场景（每错一处扣3分）			20	
工作成果（20%）	成果完成情况	能按规范及要求完成任务环节（未完成一处扣2分）			10	
	成果展示情况	能准确展示电子标签拣选系统的工作方式、摘果式及播种式电子标签拣选系统的应用（失误一次扣5分）			10	
		得分				

小组自评表

班级		本组组别						
本组成员名单	组长： 组员：							
任务名称		电子标签拣选系统						
评价项目（占比）		评价标准		分值	组别			
					得分	得分	得分	得分
考勤（10%）	无故旷课、迟到、早退（出现一次扣10分）			10				
	请假（出现一次扣2分）							
学习能力（10%）	合作学习能力	小组合作参与程度（优6分，良4分，一般2分，未参与0分）		6				
	个人学习能力	个人自主探究参与程度（优4分，良2分，未参与0分）		4				

续表

评价项目（占比）		评价标准	分值	组别			
				得分	得分	得分	得分
工作过程（60%）	电子标签拣选系统的工作方式	能准确总结、梳理电子标签拣选系统的工作方式（每错一处扣3分）	20				
	摘果式电子标签拣选系统的应用	能准确梳理、总结摘果式电子标签拣选系统的实际应用场景（每错一处扣3分）	20				
	播种式电子标签拣选系统的应用	能准确梳理、总结播种式电子标签拣选系统的实际应用场景（每错一处扣3分）	20				
工作成果（20%）	成果完成情况	能按规范及要求完成任务环节（未完成一处扣2分）	10				
	成果展示情况	能准确展示电子标签拣选系统的工作方式、摘果式及播种式电子标签拣选系统的应用（失误一次扣5分）	10				
		得分					

教师评价表

任务名称		电子标签拣选系统				
授课信息						
班级		组别		姓名	学号	

评价项目（占比）		评价标准	分值	得分
考勤（10%）	无故旷课、迟到、早退（出现一次扣10分）		10	
	请假（出现一次扣2分）			
学习能力（10%）	合作学习能力	小组合作参与程度（优6分，良4分，一般2分，未参与0分）	6	
	个人学习能力	个人自主探究参与程度（优4分，良2分，未参与0分）	4	
	电子标签拣选系统的工作方式	能准确总结梳理电子标签拣选系统的工作方式（每错一处扣3分）	20	
	摘果式电子标签拣选系统的应用	能准确梳理总结摘果式电子标签拣选系统的实际应用场景（每错一处扣3分）	20	
	播种式电子标签拣选系统的应用	能准确梳理总结播种式电子标签拣选系统的实际应用场景（每错一处扣3分）	20	
工作成果（20%）	成果完成情况	能按规范及要求完成任务环节（未完成一处扣2分）	10	
	成果展示情况	能准确展示电子标签拣选系统的工作方式、摘果式及播种式电子标签拣选系统的应用（失误一次扣5分）	10	
		得分		

综合评价表

班级		姓名		学号	
自评得分（20%）		小组互评得分（20%）		教师评价得分（60%）	综合得分

评语：

反思总结

在本任务的学习过程中，遇到了哪些困难？这些困难是如何解决的？

任务二　智能拣选 AGV 机器人

任务目标

通过本任务的学习，可以达成以下目标。

学习目标	（1）了解智能拣选 AGV 机器在行业中的应用； （2）理解智能拣选 AGV 机器人的导航原理； （3）理解智能拣选 AGV 机器人的结构； （4）掌握 AGV 机器人的概念和分类。
素质目标	培养学生在工作和生活中具备安全意识和规范意识。

任务引领

随着物流技术的不断发展，目前应用于拣选环节的自动化物流设备及技术类型丰富，特别是"货到人"拣选技术近年来得到了较大的发展和更大规模的应用。其中，以多种类型的自动导引车配合其他物流自动化设备，以及多类型自动导引车之间相互配合实现"货到人"拣选甚至全自动化拣选最受关注。

多类型自动导引车和其他物流自动化设备的协同，通常应用于不同行业具有一定规模的物流配送中心作业场景。大型物流配送中心通常采用存拣分离模式，即存储区为高位货架，负责商品的大规模储存，另设拣选区用于订单拣选，高位货架存储区同时承担向拣选区补货的功能。

在仓储物流中，针对不同的场景，选择合适的策略，综合协调各类自动导引车和自动化设备，可以有效地提升仓储物流的拣选效率并保证时效，为仓库管理提供更大价值。

请结合本任务所学知识，借助互联网查阅资料，总结智能拣选 AGV 机器人的分类、导航方式以及导航原理等。

迈睿机器人电商物流"货到人"智能仓储解决方案应用，助力电商物流高效拣选，实现智慧物流

问题引导

引导问题 1：什么是 AGV 机器人？它的工作原理是什么？

引导问题 2：AGV 机器人在智能物流中具体有哪些应用？尝试举例说明。

知识准备

本任务的知识图谱如图 4-2-1 所示。

图 4-2-1　项目四任务二的知识图谱

一、AGV 机器人概述

1. AGV 机器人的概念

自动导引运输车（AGV）是指装备有电磁或光学等自动导引装置，它能够沿规定的导引路径行驶，具有安全保护以及各种移载功能的运输车。如下图所示。AGV 是现代工业自动化物流系统中的关键设备之一，它以电池为动力，装备有电磁或光学等自动导航装置，能够独立自动寻址，并通过计算机系统控制，完成无人驾驶的搬运作业。AGV 机器人是自动化/半自动化仓库的重要基础设施之一，可实现库内搬运、分拣等作业的自动化，从而节省人力，提升效率，如图 4-2-2 所示。

图 4-2-2　AGV 机器人

2. AGV 机器人的分类

按导引方式的不同，可将 AGV 机器人分为车外固定路径导引方式及自由路径导引方式两大类。

1）固定路径导引方式

固定路径导引方式多是指在行驶的路径上设置信息媒介物作为导引，AGV 机器人通过检测其信息而得到导引方式，例如直接坐标导引、电磁导引、磁带导引、二维码导引等。

（1）直接坐标导引。其工作原理是将 AGV 机器人的前进的区域划分为若干小区域，这些小区域用坐标进行标注，AGV 机器人通过计算各个区域的计数来实现导引。这种引导方式的优点是对行驶的环境无过多要求，能够实现路径的改变且导引可靠性强。其不足之处在于导引精确度不高，且要求对地面测量，安装较为复杂，所以无法满足复杂路径的行走要求。

（2）电磁导引。其工作原理是在 AGV 机器人的行驶路径上埋设金属导线，并加载低频、低压导引电流，使导线周围产生磁场，AGV 机器人上的感应线圈通过对导引磁场强弱的识别和跟踪，实现导引，如图 4-2-3 所示。这种引导方式的优点是引线隐蔽，不易污染和破损，导引原理简单可靠，制造成本较低。其不足之处在于路径的复杂性有限，扩充或更改很麻烦，易受干扰。

（3）磁带导引。其工作原理与电磁导引相近，不同之处在于采用了在地面上铺贴磁带替代在地面下埋设金属线，通过磁带感应信号实现导引，如图 4-2-4 所示。这种引导方式的优点是定位精确，灵活性比较好，改变或扩充路径较容易，铺设简单易行，成本也较低。其不足之处在于易受环路周围金属物质的干扰，磁带易受机械损伤，且 AGV 机器人智能按磁带路径行走，因此在路径变更时也需要重新铺设磁带。

图 4-2-3 电磁导引

图 4-2-4 磁带导引

（4）二维码导引。其工作原理是 AGV 机器人通过摄像头扫描地面铺设的二维码，通过解析二维码信息获取当前的位置信息，如图 4-2-5 所示。这种引导方式的优点是定位精确，小巧灵活，铺设、改变路径也较容易，便于控制通信，对声光无干扰。其不足之处在于路径需要定期维护，如果场地复杂，则需要频繁更换二维码，对陀螺仪的精度及使用寿命要求严格，另外对场地平整度有一定要求，价格相对较高。

2）自由路径导引方式

自由路径导引方式是指 AGV 机器人储存有尺寸坐标，可以自动识别车体当前方位，然后自主决定行驶路径的导引方式，包括激光导引、惯性导引、视觉导引、GPS 导引等。

（1）激光导引。其工作原理是在行走的路径周围铺设反射板，AGV 机器人发射一种旋转激光束，通过计算 AGV 机器人与发射板之间的距离来固定一系列三角形，从而算出 AGV 机器人的具体位置，如图 4-2-6 所示。这种导引方式的精确性是由 AGV 机器人和反射板来决定的。这种导引方式的优点定位精准，路径灵活多变，适应性比较强，满足多种现场环境，不足之处在

图 4-2-5 二维码导引

于造价成本高，对环境光线，地面、设备反光面有要求，且反射板与 AGV 机器人的激光扫描器之间不能有障碍物，不适合空中有物流影响的场合。

图 4-2-6 激光导引

（2）惯性导引。其工作原理是将惯导仪、加速度计及陀螺仪等安装在 AGV 机器人上，同时在行驶区域中安装一些定位模块。系统根据所测得的信号，并计算 AGV 机器人在各个方向的位移来确定 AGV 机器人的当前位置，如图 4-2-7 所示。这种导引方式的优点定位较准确、灵活性强、便于组合和兼容、适用领域广。其不足之处在于螺旋仪对振动较敏感，地面条件对 AGV 机器人的可靠性影响很大，维护成本高，地面需要安装辅助定位块。

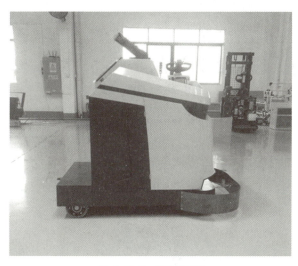

图 4-2-7 惯性导引

（3）视觉导引。其工作原理是在 AGV 机器人上安装 CCD 摄像机，AGV 机器人在行驶过程中通过视觉传感器采集图像信息，并通过对图像信息的处理确定当前位置（识别给定路标），如图 4-2-8 所示。这种导引方式的优点是路线设置灵活、适用范围广、成本低。其不足之处在于价格高、技术不成熟、容易受到光线干扰。

图 4-2-8　视觉导引

（4）GPS 导引。其工作原理是通过卫星对非固定路面系统中的控制对象进行跟踪和指导，如图 4-2-9 所示。这种导引方式通常用于室外远距离跟踪和指导，其精度取决于卫星在空中的固定精度和数量，以及控制对象周围环境等因素。其不足之处是成本比较高。

图 4-2-9　GPS 导引

学一学

扫描二维码查看智能 AGV 机器人在汽车行业中的应用。

二、智能拣选 AGV 机器人的结构及导航原理

1. 智能拣选 AGV 机器人的结构

智能拣选 AGV 机器人一般通过搬运标准化拣选货架至拣选工位，结合人工拣选，实现"货到人"操作，减少人工走动，并提升拣选准确率，如图 4-2-10 所示。因此，基于 AGV 机器人的半自动化拣选系统，一般配有智能拣选 AGV 机器人、AGV 机器人调度系统、拣选工位及 AGV 机器人充电站等设备。

图 4-2-10 智能拣选 AGV 机器人

AGV 机器人在仓库中如何拣货配送？

1）顶部认知

车顶部分展现的是整个顶升部分的结构，智能拣选 AGV 机器人顶部通过 4 个卡扣的设计来固定货架，防止货架在运动的过程中发生偏移，避免货物掉落等多种问题，如图 4-2-11 所示。

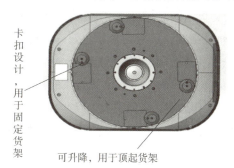

图 4-2-11 智能拣选 AGV 机器人顶部

2）外观认知

智能拣选 AGV 机器人的外观如图 4-2-12 所示。

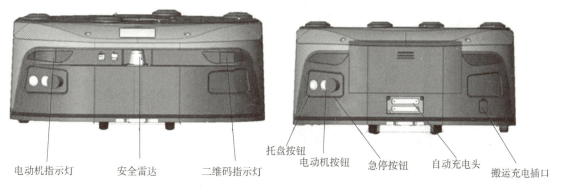

图 4-2-12 智能拣选 AGV 机器人外观

(1) 二维码指示灯：闪烁时表示在码上，常亮时表示不在码上。

(2) 安全雷达：用于避障，有 180°开口，视野比较大。

(3) 电动机指示灯：闪烁时表示电动机开，常亮时表示电动机关闭。

(4) 托盘按钮：检测托盘是否正常。

(5) 电动机按钮：检测电动机是否正常。

(6) 急停按钮：在紧急情况下将小车断电。

(7) 自动充电头：用于自动充电。

(8) 手动充电插口：用于手动慢充。

学一学

扫描二维码查看智能拣选 AGV 机器人的运作模式。

2. 智能拣选 AGV 机器人的导航原理

智能拣选 AGV 机器人一般采用二维码导航，如图 4-2-13 所示。二维码标签中存储了轨迹及位置信息，利用二维条码扫描模组的条码自动识别、采集和数据传输功能，能够实现智能拣选 AGV 机器人的辅助定位和轨迹跟踪，以提高自动化效率。通过二维码识别设备和智能拣选 AGV 机器人的控制技术，结合相关算法能够解决智能拣选 AGV 机器人在应用过程中的路径规划和防碰撞问题，从而实现仓储物流中智能拣选 AGV 机器人的自动引导和定位，并进行多智能拣选 AGV 机器人协同作业来提高工作效率，降低了人工成本。

在实际操作中，二维码标签可按照行、列排布在地表，二维码的读写模块设置于智能拣选 AGV 机器人上，在智能拣选 AGV 机器人运行时，可通过读/写模块获取当前所在位置地表的二维码标签存储的轨迹及位置信息。二维码导航技术具有成本低、读写速度快、可粘贴信息量充足等优点。

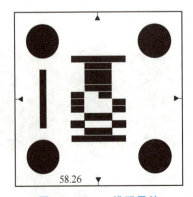

图 4-2-13　二维码导航

一个视频读懂 AGV 导航方式

项目四　智能拣选设备与应用

任务实施

步骤一：智能拣选 AGV 机器人的拣货出库作业流程
请利用互联网查阅资料，总结、梳理智能拣选 AGV 机器人的拣货出库作业流程。

步骤二：智能拣选 AGV 机器人的维护与保养
请问应该如何对智能拣选 AGV 机器人进行维护与保养？

步骤三：智能拣选 AGV 机器人常见故障处理
（1）在智能仓中，智能拣选 AGV 机器人出现小车掉线、远程无法连接的问题时，应该如何处理？

（2）在智能仓中，智能拣选 AGV 机器人出现把托盘顶升后无法降下的情况时，应该如何处理？

智能物流设备与应用

思政园地

自动导引车是自动化物流运输系统以及柔性生产系统的关键设备，在自动化物流仓库中起着重要作用。自动导引车是一种高度柔性化、信息化、智能化的现代制造业物流运输工具，可以降低人工成本，提高工作效率以及完成人工危险的作业等。

如今，工作效率低、库存划分混乱、盘点技术落后等问题已经不是困扰企业物流仓储管理的难题了，（海康、GEEK、华晓、马路创新、旷视等企业）的 AGV 机器人就能解决很多问题。很多企业都已经转向仓储物流智能化，像亚马逊就采用的是 AGV 机器人，虽然是最早的一批机器人，但是其扫码、称重、分拣功能丝毫不缺，且能识别简单的信息，实现线路的最优化处理，据说每小时能分拣 18 000 件货物。更重要的是，通过智能物流，提高设备技术的级别，提升自动化管理水平，实现 AGV 机器人代替人工作业，这样才能真正解决物流仓储过程中的一些问题，才能真正实现智能化仓储管理。

因此，高标准，严要求，规范操作和维修是保证设备运行质量的重要手段，要树立安全意识和安全规范，遇到问题时按规范处理，既保证了工作效率，又确保了设备安全可靠。

任务评价

学生自评表

班级		姓名		学号	
任务名称		智能拣选 AGV 机器人			
评价项目（占比）	评价标准			分值	得分
考勤（10%）	无故旷课、迟到、早退（出现一次扣 10 分）			10	
	请假（出现一次扣 2 分）				
学习能力（10%）	合作学习能力	小组合作参与程度（优 6 分，良 4 分，一般 2 分，未参与 0 分）		6	
	个人学习能力	个人自主探究参与程度（优 4 分，良 2 分，未参与 0 分）		4	
工作过程（60%）	智能拣选 AGV 机器人的拣货出库作业流程	能准确梳理、总结智能拣选 AGV 机器人的拣货出库作业流程（每错一处扣 3 分）		20	
	智能拣选 AGV 机器人的维护与保养	能准确梳理、总结智能拣选 AGV 机器人的维护与保养（每错一处扣 3 分）		20	
	智能拣选 AGV 机器人常见故障处理	能解决智能拣选 AGV 机器人小车掉线，远程无法连接的故障（每错一处扣 2 分）		10	
		能解决智能拣选 AGV 机器人把托盘顶升后无法降下的故障（每错一处扣 2 分）		10	
工作成果（20%）	成果完成情况	能按规范及要求完成任务环节（未完成一处扣 2 分）		10	
	成果展示情况	能准确展示智能拣选 AGV 机器人的拣货出库作业流程，对智能拣选 AGV 机器人进行维护与保养（失误一次扣 5 分）		10	
		得分			

项目四 智能拣选设备与应用

小组自评表

班级			本组组别						
本组成员名单	组长： 组员：								
任务名称			智能拣选 AGV 机器人						
评价项目 （占比）		评价标准		分值	组别				
					得分	得分	得分	得分	得分
考勤 （10%）	无故旷课、迟到、早退（出现一次扣10分）			10					
	请假（出现一次扣2分）								
学习能力 （10%）	合作学习能力	小组合作参与程度（优6分，良4分，一般2分，未参与0分）		6					
	个人学习能力	个人自主探究参与程度（优4分，良2分，未参与0分）		4					
	智能拣选 AGV 机器人的拣货出库作业流程	能准确梳理、总结智能拣选 AGV 机器人的拣货出库作业流程（每错一处扣3分）		20					
	智能拣选 AGV 机器人的维护与保养	能准确梳理、总结智能拣选 AGV 机器人的维护与保养（每错一处扣3分）		20					
	智能拣选 AGV 机器人常见故障处理	能解决智能拣选 AGV 机器人小车掉线，远程无法连接的故障（每错一处扣2分）		10					
		能解决智能拣选 AGV 机器人把托盘顶升后无法降下的故障（每错一处扣2分）		10					
工作成果 （20%）	成果完成情况	能按规范及要求完成任务环节（未完成一处扣2分）		10					
	成果展示情况	能准确展示智能拣选 AGV 机器人的拣货出库作业流程，对智能拣选 AGV 机器人进行维护与保养（失误一次扣5分）		10					
		得分							

教师评价表

任务名称			智能拣选 AGV 机器人				
授课信息							
班级		组别		姓名		学号	
评价项目 （占比）		评价标准				分值	得分
考勤 （10%）	无故旷课、迟到、早退（出现一次扣10分）					10	
	请假（出现一次扣2分）						

127

续表

评价项目（占比）		评价标准	分值	得分
学习能力（10%）	合作学习能力	小组合作参与程度（优6分，良4分，一般2分，未参与0分）	6	
	个人学习能力	个人自主探究参与程度（优4分，良2分，未参与0分）	4	
	智能拣选AGV机器人的拣货出库作业流程	能准确梳理、总结智能拣选AGV机器人的拣货出库作业流程（每错一处扣3分）	20	
	智能拣选AGV机器人的维护与保养	能准确梳理、总结智能拣选AGV机器人的维护与保养（每错一处扣3分）	20	
	智能拣选AGV机器人常见故障处理	能解决智能拣选AGV机器人小车掉线，远程无法连接的故障（每错一处扣2分）	10	
		能解决智能拣选AGV机器人把托盘顶升后无法降下的故障（每错一处扣2分）	10	
工作成果（20%）	成果完成情况	能按规范及要求完成任务环节（未完成一处扣2分）	10	
	成果展示情况	能准确展示智能拣选AGV机器人的拣货出库作业流程，对智能拣选AGV机器人进行维护与保养（失误一次扣5分）	10	
		得分		

综合评价表

班级		姓名		学号	
自评得分（20%）		小组互评得分（20%）		教师评价得分（60%）	综合得分

评语：

反思总结

在本任务的学习过程中，遇到了哪些困难？这些困难是如何解决的？

项目五　智能分拣输送设备与应用

任务一　自动分拣设备

任务目标

通过本任务的学习,可以达成以下目标。

学习目标	（1）了解自动分拣设备的概念； （2）掌握自动分拣设备的基本构成； （3）掌握自动分拣设备的工作过程； （4）熟悉自动分拣设备的分类。
素质目标	树立安全作业意识,培养学生具有精细作业精神。

任务引领

随着电子商务行业的不断发展,如何提高物流的运行效率和用户体验已成为全行业关注的重要问题。顺丰、京东等物流企业为了更好地服务人们的生活,满足日益增长的电子订单需求,不断改善各自的分拣环境,采用自动分拣设备,提高分拣效率。

顺丰速运能够成为国内最有实力的速运公司,在很多人眼中其高人一筹的配送速度起到了关键的作用。顺丰速运的自动分拣设备不仅提高了员工的工作效率,还使顺丰速运的员工工作更加轻松,使分拣作业正确而迅速地完成,提升客户订单响应速度,保证客户满意度。

请结合本任务所学知识,借助互联网查阅资料,了解自动分拣设备的概念、基本构成、工作过程和分类。

顺丰速运

问题引导

引导问题1：什么是自动分拣设备？自动分拣设备的基本构成是什么？

引导问题2：自动分拣设备在智能物流中具体有哪些应用？尝试举例说明。

知识准备

本任务的知识图谱如图 5-1-1 所示。

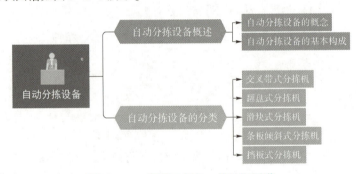

图 5-1-1 项目五任务一的知识图谱

一、自动分拣设备概述

1. 自动分拣设备的概念

自动分拣设备是自动控制的分拣装置，由接受分拣指令的控制装置、到达货物取出的搬送装置、分拣货物的装置和存放货物的暂存装置等组成。分拣作业只需通过键盘向控制装置输入分拣指令，其余全部由各装置自动执行完成。自动分拣设备的正常运行离不开软系统的支撑，它们互为整体，不可分割。

2. 自动分拣设备的基本构成

自动分拣设备一般由控制装置、自动分拣装置、输送装置及分拣道口组成。

1）控制装置

控制装置的作用是识别、接收和处理分拣信号，根据分拣信号的要求指示分类装置，按商品品种、送达地点或货主的类别对商品进行自动分类，如图 5-1-2 所示。这些分拣需求可以通过不同方式，如条码扫描、键盘输入、重量检测、语音识别、高度检测及形状识别等，输入分拣控制系统，根据对这些分拣信号的判断来决定某一种商品该进入哪一个分拣道口。

图 5-1-2　控制装置

2）自动分拣装置

根据控制装置发出的分拣指示，当具有相同分拣信号的商品经过自动分拣装置时，该装置工作，使商品改变在输送装置上的运行方向进入其他输送机或分拣道口，如图 5-1-3 所示。自动分拣装置的种类很多，一般有推出式、浮出式、倾斜式和分支式几种。不同的自动分拣装置对分拣货物的包装材料、包装重量以及包装物底面的平滑程度等有不完全相同的要求。

图 5-1-3　自动分拣装置

3）输送装置

输送装置的主要组成部分是传送带或输送机。其主要作用是使待分拣的商品依次通过控制装置、分类装置，在输送装置的两侧一般连接若干分拣道口，使分好类的商品滑下主输送机（或主传送带）以便进行后续作业，如图 5-1-4 所示。

图 5-1-4　输送装置

4）分拣道口

分拣道口是使已分拣商品脱离主输送机（或主传送带）进入集货区域的通道。一般由钢带、胶带和滚筒等组成滑道，使商品从主输送机滑向集货站台，在那里由工作人员将该道口的所有商品集中后或入库储存，或组配装车并进行送货作业，如图5-1-5所示。

图5-1-5　分拣道口

以上4个部分的自动分拣设备装置通过计算机网络连接在一起，配合人工控制及相应的人工处理环节构成一个完整的自动化分拣系统来实现货物的自动分拣。

学一学

扫描二维码了解拣选技术背后的逻辑。

二、自动分拣设备的分类

自动分拣设备种类很多，分类方法也不尽相同，按照其用途、性能、结构和工作原理，一般分为交叉带式、翻盘式、滑块式、条板倾斜式、挡板式等多种类型。

1. 交叉带式分拣机

交叉带式分拣机通常为一车双带式，即一个小车上面有两段垂直的皮带，既可以每段皮带上搬送一个包裹，也可以两段皮带合起来搬送一个包裹。交叉带式分拣机的优点是噪声小、可分拣货物的范围广，通过双边供包及格口优化可以实现单台最大能力约2万件/h。其缺点也是比较明显的，即造价比较高、维护费用高。

交叉带式分拣机

2. 翻盘式分拣机

翻盘式分拣机是通过托盘倾翻的方式将包裹分拣出去的，该类分拣机在快递行业中也有应用，但更加多地是应用于机场行李分拣领域。其最大能力可以达到12 000件/h。标准翻盘式分拣机由木托盘、倾翻装置、底部框架组成，倾翻分为机械倾翻及电动倾翻两种。

翻盘式分拣机

3. 滑块式分拣机

滑块式分拣机是一种特殊形式的条板输送机。输送机的表面用金属条板或管子构成，如竹席状，而在每个条板或管子上有一枚用硬质材料制成的导向滑块，能沿条板作横向滑动。平时滑块停止在输送机的侧边，滑块的下部有销子与条板下导向杆连接，通过计算机控制，当被分拣的货物到达指定道口时，控制器使导向滑块有序地自动向输送机的对面一侧滑动，把货物推入分拣道口，商品从而被引出主输送机。这种方式是将商品侧向逐渐推出，并不冲击商品，故商品不容易损伤，它对分拣商品的形状和大小适用范围较广，是目前国外一种最新型的高速分拣机。

滑块式分拣机

4. 条板倾斜式分拣机

条板倾斜式分拣机是一种特殊类型的条板输送机，商品装载在输送机的条板上，当商品行走到需要分拣的位置时，条板的一端自动升起，使条板倾斜，从而将商品移离主输送机。商品占用的条板数随不同商品的长度而定，经占用的条板数如同一个单元，同时倾斜，因此，这种分拣机对商品的长度在一定范围内不受限制，如图 5-1-6 所示。

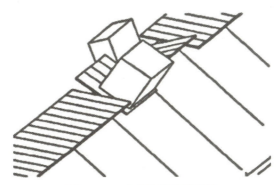

图 5-1-6　条板倾斜式分拣机

5. 挡板式分拣机

挡板式分拣机利用一个挡板（挡杆）挡住在输送机上向前移动的商品，将商品引导到一侧的滑道排出，如图 5-1-7 所示。挡板的另一种形式是挡板一端作为支点，可作旋转。挡板动作时，像一堵墙似地挡住商品向前移动，利用输送机对商品的摩擦力推动商品，使商品沿着挡板表面移动，从主输送机上排出至滑道。平时挡板处于主输送机一侧，可让商品继续前移；如挡板作横向移动或旋转，则商品就排向滑道。

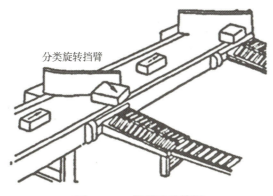

图 5-1-7　挡板式分拣机

思政园地

安全作业，人人有责！

伴随着物流自动化设备在仓储作业过程中的广泛应用，仓库安全也变得更加重要，仓库的管理更需要标准化来规范。

仓库的安全不仅关系到国家、企业的资产安全，也关系到每一名物流作业人员的生命安全。2021年7月24日，吉林长春一物流仓库发生火灾，该建筑为吉林省远程物流有限公司和李氏婚纱梦想城共用。火灾造成15人死亡、25人受伤。2019年11月9日，上海市宝山区上海鑫德物流有限公司发生火灾，造成3人死、1人受伤，火灾持续了1.5小时。

这些案例警醒着每一名物流人应时刻注重安全作业，在物流工作区域应严格遵守仓库管理规定，坚决执行仓库7S管理作业规定，特别是对一些自动化设施设备进行定期检查，消除隐患。

古时就有"无危则安，无缺乃全"的说法，可见没有危险、没有缺失才能称为安全。危险的三要素是：人的不安全行为、物的不安全状态和环境的不安全条件。但是在三者中，物和环境相对比较稳定，而人是最活跃的，因此，必须树立安全作业意识，精细作业，减少隐患。

任务实施

步骤一：自动分拣设备的特点

请利用互联网收集、总结自动分拣设备的特点。

步骤二：自动分拣设备的工作过程

请通过互联网、图书馆等渠道搜集、总结自动分拣设备的工作过程。

任务评价

学生自评表

班级		姓名		学号	
任务名称			自动分拣设备		
评价项目（占比）		评价标准		分值	得分
考勤（10%）	无故旷课、迟到、早退（出现一次扣10分）			10	
	请假（出现一次扣2分）				
学习能力（10%）	合作学习能力	小组合作参与程度（优6分，良4分，一般2分，未参与0分）		6	
	个人学习能力	个人自主探究参与程度（优4分，良2分，未参与0分）		4	
工作过程（60%）	自动化分拣设备的分类	能根据图片或视频有效区分不同类型的自动分拣设备（每错一处扣2分）		15	
	自动分拣设备的基本构成	能根据图片指出自动分拣设备的构成装置，并简单描述其作用（每错一处扣2分）		25	
	自动分拣设备的工作过程	能描述自动分拣设备的工作过程（每错一处扣2分）		20	
工作成果（20%）	成果完成情况	能按规范及要求完成任务环节（未完成一处扣2分）		10	
	成果展示情况	能准确展示自动分拣设备的特点及工作原理（失误一次扣5分）		10	
		得分			

小组自评表

班级			本组组别						
本组成员名单	组长： 组员：								
任务名称	自动分拣设备								
评价项目（占比）		评价标准		分值	组别				
					得分	得分	得分	得分	得分
考勤（10%）	无故旷课、迟到、早退（出现一次扣10分）			10					
	请假（出现一次扣2分）								
学习能力（10%）	合作学习能力	小组合作参与程度（优6分，良4分，一般2分，未参与0分）		6					
	个人学习能力	个人自主探究参与程度（优4分，良2分，未参与0分）		4					
	自动化分拣设备的分类	能根据图片或视频有效区分不同类型的自动分拣设备（每错一处扣2分）		15					
	自动分拣设备的基本构成	能根据图片指出自动分拣设备的构成装置，并简单描述其作用（每错一处扣2分）		25					
	自动分拣设备的工作过程	能描述自动分拣设备的工作过程（每错一处扣2分）		20					

续表

评价项目（占比）	评价标准		分值	组别			
				得分	得分	得分	得分
工作成果（20%）	成果完成情况	能按规范及要求完成任务环节（未完成一处扣2分）	10				
	成果展示情况	能准确展示自动分拣设备的特点及工作原理（失误一次扣5分）	10				
得分							

教师评价表

任务名称		自动分拣设备			
授课信息					
班级		组别	姓名	学号	

评价项目（占比）	评价标准		分值	得分
考勤（10%）	无故旷课、迟到、早退（出现一次扣10分）		10	
	请假（出现一次扣2分）			
学习能力（10%）	合作学习能力	小组合作参与程度（优6分，良4分，一般2分，未参与0分）	6	
	个人学习能力	个人自主探究参与程度（优4分，良2分，未参与0分）	4	
工作过程（60%）	自动化分拣设备的分类	能根据图片或视频有效区分不同类型的自动分拣设备（每错一处扣2分）	15	
	自动分拣设备的基本构成	能根据图片指出自动分拣设备的构成装置，并简单描述其作用（每错一处扣2分）	25	
	自动分拣设备的工作过程	能描述自动分拣设备的工作过程（每错一处扣2分）	20	
工作成果（20%）	成果完成情况	能按规范及要求完成任务环节（未完成一处扣2分）	10	
	成果展示情况	能准确展示自动分拣设备的特点及工作原理（失误一次扣5分）	10	
得分				

综合评价表

班级		姓名		学号	
自评得分（20%）		小组互评得分（20%）		教师评价得分（60%）	综合得分
评语：					

在本任务的学习过程中,遇到了哪些困难?这些困难是如何解决的?

任务二　自动输送设备

任务目标

通过本任务的学习，可以达成以下目标。

学习目标	（1）了解自动输送设备的概念及特点； （2）熟悉自动输送设备的分类； （3）掌握自动输送设备的选择。
素质目标	树立爱岗敬业精神，培养创新意识。

任务引领

随着《中国制造 2025》的深入推进，以及物联网、机器人、人工智能（AI）、大数据等技术的创新与应用，自动输送分拣行业的发展正逐步成熟，行业竞争格局将会重塑，行业集中度发展趋势明显，行业龙头逐渐产生。

2020 年新冠肺炎疫情席卷全球，消费市场大规模转向线上消费，刺激了全球电子商务零售行业的快速发展，2020 年欧美及亚太地区主要国家的电子商务整体零售额增长了 15% 以上。受益于电子商务零售规模的快速增长，海外电子商务快递行业驶入发展快车道，东南亚市场尤为显著。据不完全统计，2020 年东南亚市场快递包裹总量超 20 亿件，海量增加的包裹带动了自动分拣系统的需求增长，本土邮政、快递企业正在大力引进自动分拣设备以满足广大客户在电子商务物流领域日益增长的需求。自动输送设备作为提高仓储作业效率的方式之一，在自动分拣过程中必不可少，保证了货物拣选的精准高速完成。

请结合本任务所学知识，借助互联网查阅资料，了解什么是自动输送设备及其特点、分类和选择。

京东全自动化物流中心

问题引导

引导问题 1：什么是自动输送设备？自动输送设备可分为哪几类？

项目五 智能分拣输送设备与应用

引导问题2：自动输送设备在智能物流中具体有哪些应用？尝试举例说明。

知识准备

本任务的知识图谱如图5-2-1所示。

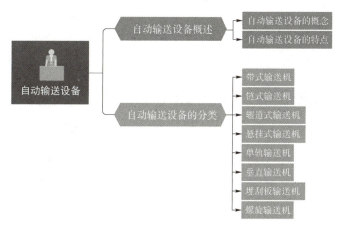

图5-2-1 项目五任务二的知识图谱

一、自动输送设备概述

1. 自动输送设备的概念

自动输送设备是一种摩擦驱动，以连续方式自动运输物料的机械，如图5-2-2所示。应用它，可以使物料在一定的输送线上，从最初的供料点到最终的卸料点自动形成输送流程。它既可以进行碎散物料的输送，也可以进行成件物品的输送。除进行纯粹的物料输送外，它还可以与各工业企业生产流程中的工艺过程的要求配合，形成有节奏的流水作业运输线。

图5-2-2 自动输送设备

· 139 ·

物流企业中的自动输送设备主要指自动连续输送机械，它是一类可以将物资在一定的输送线路上，从装载起点到卸载终点以恒定的或变化的速度自动进行输送，形成连续或脉动物流的机械。

2. 自动输送设备的特点

自动输送设备由于能够在一个区间内连续搬运大量货物，搬运成本较低，搬运时间容易控制，所以被广泛应用于现代物流系统中，特别是在港口、仓库、车站、货站内，承担大量的货物运输任务。物料输送是装卸搬运的主要组成部分，在物流各阶段、环节、功能之间，必须进行输送作业；大量货物或物料的出/入库、装卸、分类、分拣、识别、计量等工作均由自动输送设备完成，因此，自动输送设备还具有衔接各物流站点的作用。

1) 自动输送设备的优点

(1) 输送能力强。

(2) 结构比较简单。

(3) 输送距离较长。

(4) 自动控制性好。

2) 自动输送设备的缺点

(1) 通用性较差，每种机型一般只适用于输送一定种类的货物。

(2) 必须沿整条输送线路布置，输送线路一般固定不变。

(3) 大多不能自动取料，除少数自动连续输送机能自行从料堆中取料外，大多靠辅助设备供料。

京东领先世界的仓库物流，满满的科技感

(4) 不能输送笨重的大件物品，不宜输送质量大的单件物品或集装容器。

二、自动输送设备的分类

在仓库自动拣选作业中，自动输送设备是必不可少的。常见的自动输送设备有带式输送机、链式输送机、辊道式输送机、悬挂式输送机、单轨输送机、垂直输送机、埋刮板输送机、螺旋输送机等。

1. 带式输送机

带式输送机是一种利用连续且具有挠性的输送带连续输送物料的输送机，主要由机架、输送带、托辊、滚筒、张紧装置、传动装置等组成，如图5-2-3所示。带式输送机既可以进行碎散物料的输送，也可以进行成件物品的输送，还可与各工业企业生产流程中的工艺过程的要求配合，形成有节奏的流水自动作业运输线。其优点是噪声小、可分拣货物的范围广，它通过双边供包及格口优化可以实现单台最大能力约2万件/h。其缺点是造价比较高、维护费用高。

图5-2-3 带式输送机

一款贴近生产线需求的带式输送机

2. 链式输送机

链式输送机是一款利用链条牵引、承载物料，或由链条上安装的板条、金属网、辊道等承载物料的输送机，如图 5-2-4 所示。

图 5-2-4　链式输送机

3. 辊道式输送机

辊道式输送机是一种利用辊子的转动来输送成件物品的输送机，如图 5-2-5 所示。它可沿水平或曲线路径进行输送，结构简单，安装、使用、维护方便。对不规则的物品可放在托盘或者托板上进行输送。

图 5-2-5　辊道式输送机

4. 悬挂式输送机

悬挂式输送机是一款链条牵引式的连续输送机。它将装载物资的吊具通过滑架悬挂在架空轨道上，滑架受牵引构件（链条等）牵引，沿着架空轨道悬空输送，如图 5-2-6 所示。它是综合机械化输送设备，可以输送装入容器的成件物品，也用于企业成品和半成品的输送。悬挂式输送机广泛地应用于大量或者成批生产的工厂，作为车间之间和车间内部的机械化、自动化连续输送设备。

图 5-2-6　悬挂式输送机

5. 单轨输送机

单轨输送机是在特定的空中轨道上运行的电动小车,可组成承载的、全自动的搬运系统装置,如图 5-2-7 所示。

6. 垂直输送机

垂直输送机是一种能连续地垂直输送物料,使不同高度上的连续输送机保持不间断的物料输送的机械。换言之,垂直输送机是把不同楼层间的输送机系统连接成一个更大的连续输送机系统的重要设备,如图 5-2-8 所示。

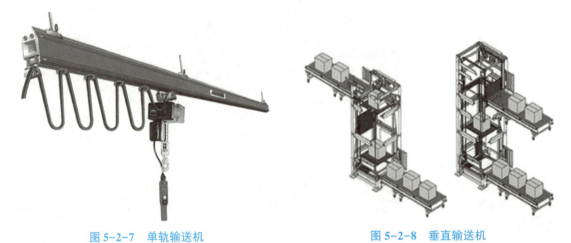

图 5-2-7 单轨输送机　　　　　图 5-2-8 垂直输送机

7. 埋刮板输送机

埋刮板输送机是一种在牵引构件(链条或者钢丝绳等)上固定刮板,牵引构件和刮板受驱动构件的牵引沿着封闭的料槽运动而输送散装物资的自动输送设备,它一般进行水平方向的输送或倾角小于 30°的倾斜输送,如图 5-2-9 所示。

图 5-2-9 埋刮板输送机

8. 螺旋输送机

螺旋输送机是一种将带有螺旋叶片的转轴装在封闭的料槽内旋转,利用螺旋面的推力使散料物资沿着轴向输送的一种连续输送设备,如图 5-2-10 所示。

图 5-2-10　螺旋输送机

思政园地

习近平：要大力发展智慧交通和智慧物流

2021年10月14日，国家主席习近平以视频方式出席第二届联合国全球可持续交通大会开幕式并发表主旨讲话。

习近平强调，要大力发展智慧交通和智慧物流，推动大数据、互联网、人工智能、区块链等新技术与交通行业深度融合，使人享其行、物畅其流。

作为社会主义新一代建设者和接班人，我们应秉承中华民族的传统美德，向黄大年、王继才等同志学习，坚守岗位，爱岗敬业，同时，我们还应在自己所从事的领域不断学习，不断创新，发扬工匠精神，为社会主义事业添砖加瓦，形成热爱祖国、忠于祖国、奉献祖国的良好风尚，汇聚实现中华民族伟大复兴中国梦的磅礴力量。

任务实施

步骤一：自动输送设备的认知

请扫描右侧二维码，识别并总结常见的自送输送设备。

扫一扫

步骤二：自动输送设备的选择

请根据所学知识，借助互联网，回答输送不同货物应如何选取自动输送设备，并进行归纳总结。

任务评价

学生自评表

班级		姓名		学号	
任务名称		自动输送设备			
评价项目（占比）		评价标准		分值	得分
考勤（10%）	无故旷课、迟到、早退（出现一次扣10分）			10	
	请假（出现一次扣2分）				
学习能力（10%）	合作学习能力	小组合作参与程度（优6分，良4分，一般2分，未参与0分）		6	
	个人学习能力	个人自主探究参与程度（优4分，良2分，未参与0分）		4	
工作过程（60%）	自动输送设备的认知	能根据图片或视频有效区分不同类型的自动输送设备（每错一处扣2分）		30	
	自动输送设备的选择	能归纳总结不同类型自动输送设备的适用场景（每错一处扣2分）		30	
工作成果（20%）	成果完成情况	能按规范及要求完成任务环节（未完成一处扣2分）		10	
	成果展示情况	能准确展示自动输送设备的类型和选择（失误一次扣5分）		10	
		得分			

小组自评表

班级		本组组别					
本组成员名单	组长： 组员：						
任务名称	自动输送设备						
评价项目（占比）		评价标准		分值	组别		
					得分	得分	得分	得分
考勤（10%）	无故旷课、迟到、早退（出现一次扣10分）			10			
	请假（出现一次扣2分）						

续表

评价项目（占比）	评价标准		分值	组别			
				得分	得分	得分	得分
学习能力（10%）	合作学习能力	小组合作参与程度（优6分，良4分，一般2分，未参与0分）	6				
	个人学习能力	个人自主探究参与程度（优4分，良2分，未参与0分）	4				
	自动输送设备的认知	能根据图片或视频有效区分不同类型的自动输送设备（每错一处扣2分）	30				
	自动输送设备的选择	能归纳总结不同类型自动输送设备的适用场景（每错一处扣2分）	30				
工作成果（20%）	成果完成情况	能按规范及要求完成任务环节（未完成一处扣2分）	10				
	成果展示情况	能准确展示自动输送设备的类型和选择（失误一次扣5分）	10				
	得分						

教师评价表

任务名称		自动输送设备				
授课信息						
班级		组别		姓名		学号

评价项目（占比）	评价标准		分值	得分
考勤（10%）	无故旷课、迟到、早退（出现一次扣10分）		10	
	请假（出现一次扣2分）			
学习能力（10%）	合作学习能力	小组合作参与程度（优6分，良4分，一般2分，未参与0分）	6	
	个人学习能力	个人自主探究参与程度（优4分，良2分，未参与0分）	4	
	自动输送设备的认知	能根据图片或视频有效区分不同类型的自动输送设备（每错一处扣2分）	30	
	自动输送设备的选择	能归纳总结不同类型自动输送设备的适用场景（每错一处扣2分）	30	
工作成果（20%）	成果完成情况	能按规范及要求完成任务环节（未完成一处扣2分）	10	
	成果展示情况	能准确展示自动输送设备的类型和选择（失误一次扣5分）	10	
	得分			

综合评价表

班级		姓名		学号	
自评得分（20%）	小组互评得分（20%）		教师评价得分（60%）		综合得分

评语：

反思总结

在本任务的学习过程中，遇到了哪些困难？这些困难是如何解决的？

项目五 智能分拣输送设备与应用

任务三 AGV 分拣机器人

任务目标

通过本任务的学习，可以达成以下目标。

学习目标	（1）了解 AGV 分拣机器人的应用； （2）理解 AGV 分拣机器人的类型； （3）掌握 AGV 分拣机器人的概念及特点； （4）熟悉"小黄人"AGV 分拣机器人的工作流程。
素质目标	树立爱国情怀，培养工匠精神。

任务引领

唯品会华南物流中心是唯品会华南区域最大的物流中心，也是唯品会乃至电子商务行业的"标杆"智能仓库。库内采用了大量自动化项目，率先使用了诸多先进的科技和设备，大大提高了物流效率，使商品能更快、更精准地送到客户手里。该库有 500 名分拣员，日分拣量最高为 75 万件。

类 Kiva 的"货到人"AGV 分拣机器人技术已在国内大型电子商务物流公司普及。该技术改变了传统"人到货"的拣选方式，实现了"货到人"的智能分拣。

在唯品会华南物流中心，过去人工分拣一天的工作量，"货到人"AGV 分拣机器人只需要半天即可分拣完成。"货到人"AGV 分拣机器人将仓库用工人数减少了 2/3，降低了企业的人工成本，并且将补货、拣货、打包流程规范化，提高了拣货正确率，实现了精细化的仓库管理。仓库管理从粗犷的生产组织过渡到科学的管理方式，分拣员也从繁重的手工作业中解放出来。

请结合本任务所学知识，借助互联网查阅资料，了解什么是 AGV 分拣机器人及其特点、结构、应用和"小黄人"AGV 分拣机器人的工作流程。

看"巨无霸"
仓库分拣创
新之路

问题引导

引导问题 1：AGV 分拣机器人具备哪些功能？它有什么特点？

· 147 ·

引导问题 2：AGV 分拣机器人有哪些类型？

知识准备

本任务的知识图谱如图 5-3-1 所示。

图 5-3-1　项目五任务三的知识图谱

一、AGV 分拣机器人概述

1. AGV 分拣机器人的概念

AGV 分拣指的是基于自动导引车完成自动分拣的一种新型分拣方式，主要针对质量在 5 kg 以下，规格不超过 600 mm×600 mm×600 mm 的小件包裹分拣作业，集扫码、称重、分拣功能"三合一"，并且具有避障和自动寻找充电桩功能，如图 5-3-2 所示。

图 5-3-2　AGV 分拣机器人

AGV 分拣机器人能连续大批量地分拣货物，在整个分拣过程中，分拣作业可基本实现无人化，当中间某一环节出现故障时，只需要卸下修理，其他部分可继续实现作业。

2. AGV 分拣机器人的特点

与快递行业的交叉带分拣机相比，AGV 分拣机器人作为新型自动分拣技术，最高可实现 15 000 件/h 的拣选效率，并且在系统灵活性、易扩展性等方面更具优势，具体表现如下。

1）系统可拓展性强

交叉带分拣机的格口是固定的，而 AGV 分拣机器人可根据业务增长的需要进行拓展。

2）人工成本低

AGV 分拣机器人处理系统的人员工位布置紧凑、人均效能高，相同处理效率下相较交叉带分拣机处理系统可节约用工约 40%，解决了快递行业暴力分拣问题，很好地保证了包裹的安全。

3）分拣差错率低

AGV 分拣机器人采用静态卸载，只要包裹面单信息正确，理论分拣差错率即为 0。

4）系统可靠性高

AGV 机器人分拣处理系统由众多独立运行的 AGV 分拣机器人组成，某台机器人故障不会影响整个系统的运行效率，且系统支持远程升级及调试，相关技术人员可远程解决系统调度问题，所需时间也很短。

5）节能环保

AGV 机器人分拣处理系统用电功率较相同规模的交叉带分拣机的实际消耗功率低，且均由低功率智能可充电电池供电。绿色清洁能源的使用能够为企业级客户的提效降本做出一定贡献。

二、AGV 分拣机器人的类型

按照载具的类型不同，AGV 分拣机器人主要有翻板式（钢平台式）和移载式（包括皮带、滚筒、机械臂等不同载具）两种类型，前者通常针对 10 kg 以下的包裹，后者可分拣包裹的质量更大。

"小黄人" AGV 分拣机器人工作全流程

1. 翻板式 AGV 分拣机器人

翻板式 AGV 分拣机器人通常针对 10 kg 以下的包裹，每台机器人在 1 h 内可以拣选 35~70 件包裹。在应用形式上，AGV 分拣机器人的作业方式多种多样，常见的有使用钢平台的方式，即在钢平台上方完成包裹分拣，在钢平台下方收集包裹，或直接在地面上进行分拣，即将商品直接从一定高度分拣到笼车等包裹周转容车中。翻板式 AGV 分拣机器人以申通"小黄人"、京东"小红人"为典型代表。

凤凰动力 AGV 驱动轮舵轮——智能仓储物流 AGV 应用案例

2. 移载式 AGV 分拣机器人

移载式 AGV 分拣机器人通常适用于 10~500 kg 的包裹，每台机器人在 1 h 内可以拣选 35~70 件包裹。移载式 AGV 分拣机器人的应用项目不断落地，目前，Geek+、快仓、昆船、海康、牧星、井松等众多企业均已推出多种类型的 AGV 分拣产品。

学一学

扫描二维码了解"蓝胖子"人工智能分拣机器人。

思政园地

抗击疫情，保障民生

2020年新冠疫情来势汹汹，国内许多物流企业在疫情期间为保障民生，为市民配送生活物资，彰显了大国企业的爱国情怀。

扫一扫

扫描二维码了解京东抗击疫情，保障民生的情况。

不断提高企业物流水平，与国际接轨，国内多个大型物流企业不断发展智慧物流产业。作为新时代的青年，应该心系祖国，传承工匠精神，共筑中国梦。

任务实施

步骤一：AGV 分拣机器人的工作流程

请通过网络搜集相关资料，梳理、总结 AGV 分拣机器人的工作流程。

步骤二：AGV 分拣机器人的应用

请利用互联网搜集相关资料，梳理、总结 AGV 分拣机器人的应用。

任务评价

学生自评表

班级		姓名		学号	
任务名称		AGV 分拣机器人			
评价项目（占比）		评价标准		分值	得分
考勤（10%）	无故旷课、迟到、早退（出现一次扣 10 分）			10	
	请假（出现一次扣 2 分）				
学习能力（10%）	合作学习能力	小组合作参与程度（优 6 分，良 4 分，一般 2 分，未参与 0 分）		6	
	个人学习能力	个人自主探究参与程度（优 4 分，良 2 分，未参与 0 分）		4	
工作过程（60%）	AGV 分拣机器人的工作流程	能根据图片或视频总结 AGV 分拣机器人的工作流程（每错一处扣 2 分）		25	
	AGV 分拣机器人的应用	能利用互联网搜集相关资料，梳理、总结 AGV 分拣机器人的应用（每错一处扣 2 分）		25	
工作成果（25%）	成果完成情况	能按规范及要求完成任务环节（未完成一处扣 2 分）		15	
	成果展示情况	能准确展示 AGV 分拣机器人的基础结构和"小黄人"AGV 分拣机器人的工作流程（失误一次扣 5 分）		15	
		得分			

小组自评表

班级			本组组别					
本组成员名单	组长：							
	组员：							
任务名称	AGV 分拣机器人							
评价项目（占比）		评价标准	分值	组别				
				得分	得分	得分	得分	得分
考勤（10%）	无故旷课、迟到、早退（出现一次扣 10 分）		10					
	请假（出现一次扣 2 分）							
学习能力（10%）	合作学习能力	小组合作参与程度（优 6 分，良 4 分，一般 2 分，未参与 0 分）	6					
	个人学习能力	个人自主探究参与程度（优 4 分，良 2 分，未参与 0 分）	4					
	AGV 分拣机器人的工作流程	能根据图片或视频总结 AGV 分拣机器人的工作流程（每错一处扣 2 分）	25					
	AGV 分拣机器人的应用	能利用互联网搜集相关资料，梳理、总结 AGV 分拣机器人的应用（每错一处扣 2 分）	25					

续表

评价项目 （占比）		评价标准	分值	组别				
				得分	得分	得分	得分	得分
工作成果 （20%）	成果完成情况	能按规范及要求完成任务环节（未完成一处扣2分）	15					
	成果展示情况	能准确展示 AGV 分拣机器人的基础结构和"小黄人"AGV 分拣机器人的工作流程（失误一次扣5分）	15					
得分								

教师评价表

任务名称		AGV 分拣机器人				
授课信息						
班级		组别		姓名		学号

评价项目 （占比）		评价标准	分值	得分
考勤 （10%）	无故旷课、迟到、早退（出现一次扣10分）		10	
	请假（出现一次扣2分）			
学习能力 （10%）	合作学习能力	小组合作参与程度（优6分，良4分，一般2分，未参与0分）	6	
	个人学习能力	个人自主探究参与程度（优4分，良2分，未参与0分）	4	
	AGV 分拣机器人的工作流程	能根据图片或视频总结 AGV 分拣机器人的工作流程（每错一处扣2分）	25	
	AGV 分拣机器人的应用	能利用互联网搜集相关资料，梳理、总结 AGV 分拣机器人的应用（每错一处扣2分）	25	
工作成果 （20%）	成果完成情况	能按规范及要求完成任务环节（未完成一处扣2分）	15	
	成果展示情况	能准确展示 AGV 分拣机器人的基础结构和"小黄人"AGV 分拣机器人的工作流程（失误一次扣5分）	15	
得分				

综合评价表

班级		姓名		学号	
自评得分（20%）		小组互评得分（20%）		教师评价得分（60%）	综合得分
评语：					

在本任务的学习过程中,遇到了哪些困难?这些困难是如何解决的?

项目六　智能运输设备与应用

任务一　智能网联汽车

任务目标

通过本任务的学习，可以达成以下目标。

学习目标	（1）了解车联网的关键技术； （2）理解车联网标准体系的内容及发展； （3）掌握车联网的概念及内涵； （4）掌握智能网联汽车的定义； （5）熟悉智能网联汽车的发展及应用。
素质目标	了解智能网联汽车前沿发展，激发创新意识，培养新时代工匠精神。

任务引领

随着新一轮科技革命和产业变革不断深化，先进制造、信息通信和人工智能等技术不断发展，车联网时代正向我们走来。

车联网产业是汽车、电子、信息、交通、定位导航、网络通信、互联网应用等行业领域深度融合的新型产业，是全球创新热点和未来发展的制高点。我国高度重视车联网产业的发展，《中国制造 2025》将智能网联汽车（Intelligent Connected Vehicle，ICV）与节能汽车、新能源汽车并列作为我国汽车产业发展的重要战略方向。大力发展车联网是深化供给侧结构性改革，推动新旧动能持续转换，建设制造强国、网络强国、交通强国的重要支撑，是培育经济发展新动能的重要引擎。

从技术层面看，随着人工智能、信息通信、定位导航、大数据、云计算等技术在汽车领域的广泛应用，汽车正由人工机械操作加速向电子信息系统控制转变，这正是技术发展的必然趋势，也是人民群众日益增长的对美好生活的向往。

从产业层面看，随着"互联网+"行动计划深入实施，传统汽车产业顺应融合大势，加速与信息通信、智能交通等跨界合作的全面展开，汽车产业链面临重构，价值链不断延伸拓展，产业发展呈现智能化、平台化、网络化特征。

从应用层面看，随着信息技术的牵引，汽车的功能和使用方式发生深刻变化，汽车由单纯的交通工具逐渐向具有智能移动空间、移动家居、娱乐休闲等功能的方向发展，不断加快共享出行、共享货运等，推动社会生产、生活出现新的模式。

请结合本任务所学知识，借助互联网查阅资料，总结车联网的概念与内涵、车联网的关键技术，智能网联汽车的定义、发展及应用等。

车联网：5G 让汽车更智能

问题引导

引导问题 1：什么是车联网？车联网应用于哪些领域？

引导问题 2：请阐述智能网联汽车的发展及应用现状。

知识准备

本任务的知识图谱如图 6-1-1 所示。

图 6-1-1　项目六任务一的知识图谱

一、车联网概述

1. 车联网的概念及内涵

车联网是实现智能动态信息服务、车辆智能化控制和智能化交通管理等应用的重要手段，是物联网与智能汽车的深度集成和应用，是信息化与工业化深度融合的重要领域。车联网具有应用空间广、产业潜力大、社会效益大的特点，对带动汽车、电子、信息通信、交通等行业的产业转型升级具有重要意义。

车联网是以车内网、车际网和车云网为基础，进行通信和信息交换的信息物理融合系统。因此，从某种程度上说，车联网是车内网、车云网、车际网"三网"融合的网络，如图6-1-2所示。

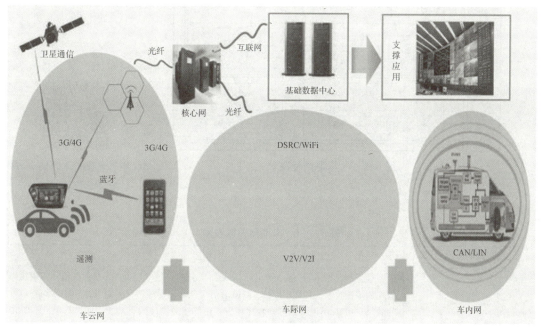

图 6-1-2　三网融合

（1）车内网是指通过应用成熟的总线技术建立的一个标准化的整车网络。

（2）车云网是指车载终端通过3G/4G/5G等通信技术与互联网进行无线连接的网络。

（3）车际网是指基于DSRC技术（IEEE 802.11系列无线局域网协议）和LTE-V的动态网络。

车联网作为物联网的典型应用，车（智能汽车）、网（通信）、路（智能交通）、牌（车辆智能管理）和电子产品5大重点领域的标准都应当分为感知层（端）、网络层（管）和应用层（云）3个层次，如图6-1-3所示。

2. 车联网的关键技术

车联网的关键技术有射频识别技术、传感网络技术、卫星定位技术、无线通信技术、大数据分析技术、标准及安全体系，具体描述见表6-1-1。

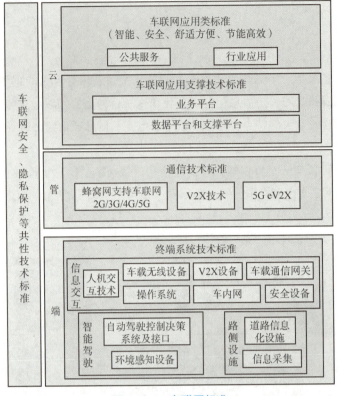

图 6-1-3　车联网标准

5G 时代来临，未来的车联网系统将是什么样？

表 6-1-1　车联网关键技术

车联网关键技术	描述
射频识别技术	射频识别（Radio Frequency Identification，RFID）技术是通过无线射频信号实现物体识别的一种技术，具有非接触、双向通信、自动识别等特征，对人体和物体均有较好的效果。RFID 不但可以感知物体位置，还能感知物体的移动状态并进行跟踪。RFID 定位法目前已广泛应用于智能交通领域，尤其是车联网技术更是对 RFID 技术有强烈的依赖，故 RFID 技术成为车联网体系的基础性技术。RFID 技术一般与服务器、数据库、云计算、近距离无线通信等技术结合使用，由大量的 RFID 通过物联网组成庞大的物体识别体系
传感网络技术	车辆服务需要大量数据的支持，这些数据的原始来源正是各类传感器。不同的传感器或大量的传感器通过采集系统组成一个庞大的数据采集系统，动态采集一切车联网服务所需要的原始数据，例如车辆位置、状态参数、交通信息等。当前传感器已由单个或几个传感器演化为由大量传感器组成的传感器网络，并且通能够根据不同的业务进行个性化定制。传感器网络为服务器提供数据源，经过分析处理后作为各项业务数据为车辆提供优质服务
卫星定位技术	随着全球定位技术的发展，车联网的发展迎来了新的历史机遇，传统的 GPS 成为车联网技术的重要技术基础，为车辆的定位和导航提供了高精度的可靠位置服务，成为车联网的核心业务之一。随着我国北斗导航系统的日益完善并投入使用，车联网技术又有了新的发展方向，并逐步实现向国产化、自主知识产权的时期过渡。北斗导航系统将成为我国车联网体系的核心技术之一，成为车联网核心技术自主研发的重要开端

续表

车联网关键技术	描述
无线通信技术	传感器网络采集的少量数据需要通信系统传输出来才能得到及时的处理和分析,分析后的数据也要经过通信网络的传输才能到达车辆终端设备。考虑到车辆的移动特性,车联网技术只能采用无线通信技术进行数据传输,因此无线通信技术是车联网技术的核心组成部分之一。在各种无线传输技术的支持下,数据可以在服务器的控制下进行交换,实现业务数据的实时传输,并通过指令的传输实现对网内车辆的实时监测和控制
大数据分析技术	大数据是指借助计算机技术、互联网所捕捉到的数量繁多、结构复杂的数据或信息的集合体。在计算机技术和网络技术的发展推动下,各种大数据处理方法已经开始得到广泛的应用。常见的大数据技术包括信息管理系统、分布式数据库、数据挖掘、类聚分析等,成为不断推动大数据在车联网中应用的强大驱动力
标准及安全体系	车联网作为一个庞大的物联网应用系统,包含了大量的数据、处理过程和传输节点,其高效运行必有一套统一的标准体系来规范,从而确保数据的真实性和完整性,完成各项业务的应用。标准化已成为车联网技术发展的迫切要求,也是一项复杂的管理技术。另外,车辆联网和获取服务本身也是为了更好地为车辆安全行驶提供保障,因此安全体系的建立十分重要。能否根据当前车联网的发展情况,建立一套高效的标准和安全体系,已经成为决定未来车联网技术发展的关键因素

学一学

扫描二维码了解车联网技术的应用。

3. 车联网标准体系

车联网标准体系分为智能汽车、智能交通、网络通信、车辆智能管理、电子产品与服务 5 个重点领域和共性基础标准、共性安全标准两大部分。共性基础标准是为了统一不同行业对车联网的定义、功能、构成的认识和理解,确保体系完整和统一;共性安全标准集中在安全等级、安全规范、安全架构、安全监控和紧急救援等方面。

车联网标准体系建设目标主要分为如下两个阶段。

第一阶段为 2018—2020 年,主要解决标准体系融合贯通和共性基础标准缺失的问题。

(1) 以驾驶安全为重点,完成一批车辆主动安全及辅助驾驶相关标准,启动车路协同关键标准研究。

(2) 形成基本能够满足行业需要的先进驾驶辅助系统标准体系。

(3) 完成车载电子产品与服务终端、安全等领域的关键技术标准和应用。

(4) 制定基于 LTE-V2X 的车联网无线通信关键技术标准,开展车辆信息通信安全关键技术标准的制定工作。

(5) 完成汽车电子标识安全技术相关标准,制定智能网联车辆安全运行测试管理规范。

第二阶段为 2020—2025 年,主要解决标准体系完善及标准推广应用问题。

(1) 完成包括功能安全、信息安全、人机界面在内的能够支撑环境感知、决策预警和智能控制等核心功能及性能评价的先进驾驶辅助系统(ADAS)标准体系。

（2）形成一批智能驾驶、车路协同关键标准，构建相应的测试标准体系。

（3）完成车载电子产品与服务平台的关键技术标准及测试标准，建立车载智能终端的安全和质量认证标准体系。

（4）开展面向车联网应用的 5G eV2X 关键技术标准制定。

（5）在车联网大数据及云平台的关键技术标准领域实现突破，推动车联网大数据及云平台标准在产业中的实际应用。

> **学一学**
>
> 扫描二维码查看车联网的发展趋势。
>
>

二、智能网联汽车概述

智能网联汽车是指车联网与智能车的有机联合，是搭载先进的车载传感器、控制器、执行器等装置，并融合现代通信与网络技术，实现车与人、路、后台等智能信息交换共享，实现安全、舒适、节能、高效行驶，并最终可替代人工操作的新一代汽车。

1. 智能网联汽车的定义

智能网联汽车是一种跨技术、跨产业领域的新兴汽车体系，从不同角度、不同背景来理解它是有差异的，各国对智能网联汽车的定义不同，叫法也不尽相同，但终极目标是一样的，即可上路安全行驶的无人驾驶汽车，如图 6-1-4 所示。

图 6-1-4 智能网联汽车

央视老故事《匠心》节目：科络达 OTA 升级，阐释智能网联汽车新时代匠心精神！

智能网联汽车更侧重于解决安全、节能、环保等制约产业发展的核心问题，其本身具备自主的环境感知能力，其聚焦点是在车上，发展重点是提高汽车安全性。

从狭义上讲，智能网联汽车是搭载先进的车载传感器、控制器、执行器等装置，并融合现代通信与网络技术，实现 V2X 智能信息交换共享，具备复杂的环境感知、智能决策、协同控制和执行等功能，可实现安全、舒适、节能、高效行驶，并最终可替代人工操作的新一代汽车。

从广义上讲，智能网联汽车是以车辆为主体和主要节点，融合现代通信和网络技术，使车辆与外部节点实现信息共享和协同控制，实现车辆安全、有序、高效、节能行驶的新一代多车辆系统。

2. 智能网联汽车的发展及应用

智能网联汽车突破了单一车辆所能达到的性能提升极限，有机地将智能化汽车置于车联网环境中，通过车辆搭载的先进的车载传感器、执行器、控制器等设备与道路、信号灯等基础设施并融合现代通信和网络技术，完成车–人、车–车、车–环境和支持平台信息共享，从而高效提升车辆的安全性、舒适性、环保性，使汽车高性能运行，并发展为完全代替人工驾驶的新一代汽车。

作为第 5 代移动电话行动通信技术标准的 5G 技术，具备超快的传输速度（为 4G 的 10 倍以上）、超强的带宽容量、超低的网络延迟（小于 1 ms）等优势。5G 技术网络在大规模商业应用的道路上，特别是车联网的发展上更为迅速，将对智能交通、智能驾驶和智能网联汽车产生革命性的颠覆。

发展应用 5G 技术的智能网联汽车，可为缓解当下交通拥堵、驾驶安全、绿色环保等涉及人、车辆、环境的诸多问题提供一个更加快速、有效的解决方案。

学 一 学

扫描二维码查看智能网联汽车的应用案例——小鹏 G3。

思政园地

当今是智能化汽车的时代，汽车的功能将以更快的速度发展。曾经不可思议的事情正在变成现实，车联网升级让 OTA 技术成为了汽车行业里频频出现的热词。OTA 技术已经成为众多新车发布会的一大宣传亮点，那么 OTA 究竟是什么呢？OTA 即空中下载技术（Over The Air），是通过移动通信的空中接口实现对移动终端设备及 SIM 卡数据进行远程管理的技术。

创新意识是创造性人才所必须具备的，培养创造性人才的起点是创新意识的培养和开发。这要求我们具有创新意识，实际上是要求我们改变传统的思维方式，改变传统的提出问题、思考问题的方式。在这个多变的时代，如果做不到这一点，即使拥有最新的知识，也可能在激烈的竞争中被淘汰。

任务实施

步骤一：智能网联汽车的标准体系框架

智能网联汽车标准体系如图 6-1-5 所示，请补充完善智能网联汽车标准体系各部分的内容。

步骤二：智能网联汽车的技术逻辑结构

智能网联汽车的技术逻辑结构如图 6-1-6 所示，请补充完善技术逻辑结构。

步骤三：智能网联汽车的产品物理结构

智能网联汽车的产品物理结构是把技术逻辑结构所涉及的各种信息感知与决策控制功能落实到物理载体上，具体如图 6-1-7 所示。请搜集资料，总结并描述智能网联汽车的产品物理结构。

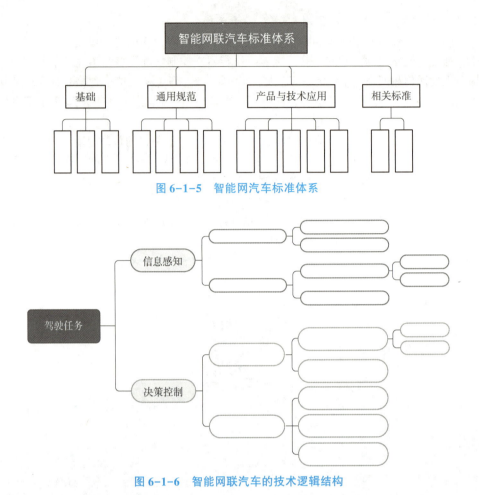

图 6-1-5 智能网汽车标准体系

图 6-1-6 智能网联汽车的技术逻辑结构

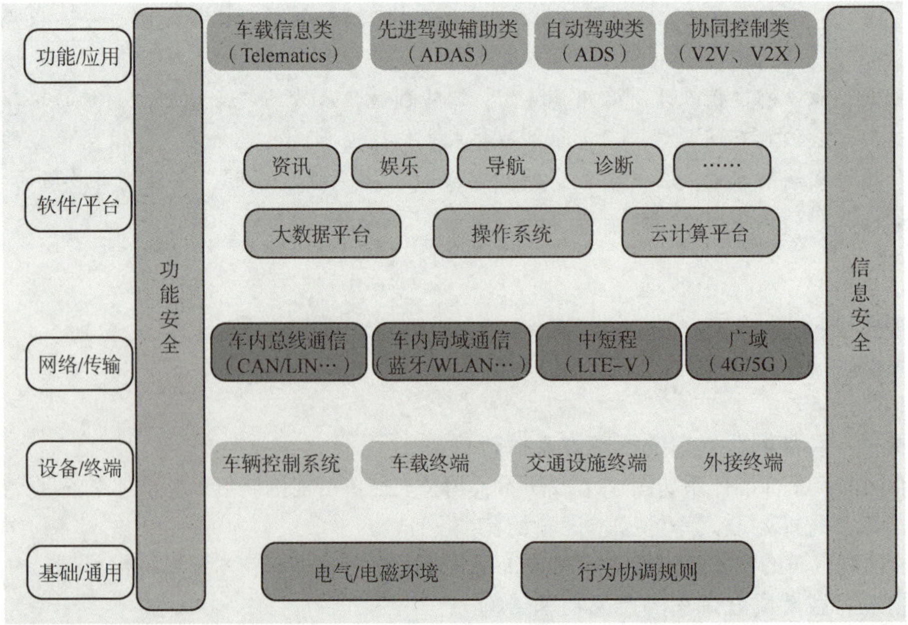

图 6-1-7 智能网联汽车的产品物理结构

项目六 智能运输设备与应用

任务评价

学生自评表

班级		姓名		学号		
任务名称			智能网联汽车			
评价项目（占比）	评价标准				分值	得分
考勤（10%）	无故旷课、迟到、早退（出现一次扣10分）				10	
	请假（出现一次扣2分）					
学习能力（10%）	合作学习能力	小组合作参与程度（优6分，良4分，一般2分，未参与0分）			6	
	个人学习能力	个人自主探究参与程度（优4分，良2分，未参与0分）			4	
工作过程（60%）	智能网联汽车的标准体系框架	能梳理完善智能网联汽车的标准体系框架的内容（每错一处扣3分）			20	
	智能网联汽车的技术逻辑结构	能梳理完善智能网联汽车的技术逻辑结构（每错一处扣3分）			20	
	智能网联汽车的产品物理结构	能梳理总结智能网联汽车的产品物理结构（每错一处扣3分）			20	
工作成果（20%）	成果完成情况	能按规范及要求完成任务环节（未完成一处扣2分）			10	
	成果展示情况	能准确展示智能网联汽车的标准体系框架、技术逻辑结构以及产品物理结构（失误一次扣5分）			10	
得分						

小组自评表

班级		本组组别					
本组成员名单	组长： 组员：						
任务名称		智能网联汽车					
评价项目（占比）	评价标准	分值	组别				
			得分	得分	得分	得分	得分
考勤（10%）	无故旷课、迟到、早退（出现一次扣10分）	10					
	请假（出现一次扣2分）						

续表

评价项目（占比）	评价标准		分值	组别			
				得分	得分	得分	得分
学习能力（10%）	合作学习能力	小组合作参与程度（优6分，良4分，一般2分，未参与0分）	6				
	个人学习能力	个人自主探究参与程度（优4分，良2分，未参与0分）	4				
工作过程（60%）	智能网联汽车的标准体系框架	能梳理完善智能网联汽车的标准体系框架的内容（每错一处扣3分）	20				
	智能网联汽车的技术逻辑结构	能梳理完善智能网联汽车的技术逻辑结构（每错一处扣3分）	20				
	智能网联汽车的产品物理结构	能梳理总结智能网联汽车的产品物理结构（每错一处扣3分）	20				
工作成果（20%）	成果完成情况	能按规范及要求完成任务环节（未完成一处扣2分）	10				
	成果展示情况	能准确展示智能网联汽车的标准体系框架、技术逻辑结构以及产品物理结构（失误一次扣5分）	10				
		得分					

教师评价表

任务名称	智能网联汽车					
授课信息						
班级		组别		姓名		学号

评价项目（占比）	评价标准		分值	得分
考勤（10%）	无故旷课、迟到、早退（出现一次扣10分）		10	
	请假（出现一次扣2分）			
学习能力（10%）	合作学习能力	小组合作参与程度（优6分，良4分，一般2分，未参与0分）	6	
	个人学习能力	个人自主探究参与程度（优4分，良2分，未参与0分）	4	
	智能网联汽车的标准体系框架	能梳理完善智能网联汽车的标准体系框架的内容（每错一处扣3分）	20	
	智能网联汽车的技术逻辑结构	能梳理完善智能网联汽车的技术逻辑结构（每错一处扣3分）	20	
	智能网联汽车的产品物理结构	能梳理总结智能网联汽车的产品物理结构（每错一处扣3分）	20	
工作成果（20%）	成果完成情况	能按规范及要求完成任务环节（未完成一处扣2分）	10	
	成果展示情况	能准确展示智能网联汽车的标准体系框架、技术逻辑结构以及产品物理结构（失误一次扣5分）	10	
		得分		

综合评价表

班级		姓名		学号	
自评得分（20%）	小组互评得分（20%）		教师评价得分（60%）		综合得分

评语：

反思总结

在本任务的学习过程中，遇到了哪些困难？这些困难是如何解决的？

任务二　无人驾驶轨道列车

任务目标

通过本任务的学习，可以达成以下目标。

学习目标	（1）了解无人驾驶轨道列车的总体架构； （2）理解无人驾驶轨道列车的关键技术； （3）掌握无人驾驶轨道列车的概念； （4）掌握无人驾驶轨道列车的等级分类。
素质目标	树立"科技兴国"的意识，培养学生探索未知、勇于探索的创新精神。

任务引领

2021年12月28日，深圳地铁20号线正式通车运营，首班对外载客列车当天16:28发出。20号线首班列车的起航，标志着深圳市大空港新城片区迈入"地铁时代"。

地铁20号线一期线路起于机场北站，终至会展城站，线路全长约8.43 km，设5座车站，均为地下车站。采用A型车8节编组全自动无人驾驶轨道列车，设计速度为120 km/h。这也标志着深圳轨道交通正式进入"全自动运行"时代。

作为深圳首条无人驾驶全自动运行地铁线，列车不需要司机值守，它可以自动唤醒、自动发车、精准停车，还能当自己的"医生"，进行自动检测。此外，列车还具备障碍物检测、车辆辅助防撞、端墙防撞、脱轨检测等安全保障功能。

不仅如此，乘车体验也增添了新趣味——地铁20号线一期列车取消了司机驾驶室，乘客在首尾车厢可以目睹地铁隧道全貌，深度体验电影大片般的"隧道穿梭"。

请结合本任务所学知识，借助互联网查阅资料，总结无人驾驶轨道列车的概念、等级分类、技术架构以及应用与发展等。

首列"武汉造"
全自动无人驾驶
地铁列车

问题引导

引导问题1：轨道交通为什么更适合无人驾驶？

引导问题 2：按照轨道交通线路的自动化程度，无人驾驶轨道列车可分为哪几个等级？

知识准备

本任务的知识图谱如图 6-2-1 所示。

图 6-2-1　项目六任务二的知识图谱

一、无人驾驶轨道列车概述

1. 无人驾驶轨道列车的概念

无人驾驶轨道列车是采用高度自动化的先进轨道列车控制系统，由轨道控制中心用大型电子计算机监控整个线路网的站际联系、信号系统、列车运行、车辆调度等，完全实现了无人化、全自动化运行的轨道列车，如图 6-2-2 所示。

无人驾驶轨道列车是轨道列车自动化控制水平的最高体现，采用未来轨道列车运行的基本运行模式。国内外轨道列车领域在无人驾驶轨道列车方向都已经积累了数十年的研究、设计和应用经验，并且国内外已经有多条无人驾驶轨道线路开通运行。轨道交通与道路交通相比，线路相对固定，站点相对固定，时间可控性好，因此更加适合无人驾驶。

图 6-2-2　无人驾驶轨道列车

> **学一学**
>
> 扫描二维码查看南京首列无人驾驶地铁列车。
>
>

2. 无人驾驶轨道列车的等级分类

国际标准按照轨道交通线路自动化程度定义了4层自动化等级（GOA），自动化程度从低至高为 GOA1～GOA4。

GOA1：在列车自动防护系统（ATP）防护下的完全人工驾驶，由司机控制列车的启动、停止、车门的开关，以及突发情况的处理。

GOA2：半自动驾驶，车辆的启动、停止自动运行，但是司机室配备一名司机开动车辆，控制车门的开关，以及应对紧急情况下列车的驾驶。大部分地铁自动驾驶子系统（ATO）属于这个级别。

GOA3：无司机驾驶，列车的启动、停止是自动化的，但列车配备一名服务人员，列车服务人员控制列车车门的开关以及进行紧急情况下对列车的控制。

GOA4：完全自动驾驶，列车唤醒、休眠、启动、停止、车门的开闭，以及紧急情况下的列车运行全部为自动化的，不需要任何一名工作人员参与。

探访深圳首条无人驾驶地铁列车：没有驾驶室、具备自动唤醒

二、无人驾驶轨道列车的技术架构

1. 无人驾驶轨道列车的总体架构

无人驾驶轨道列车的总体架构如图6-2-3所示。

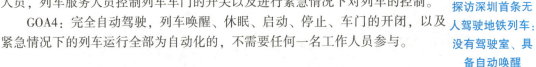

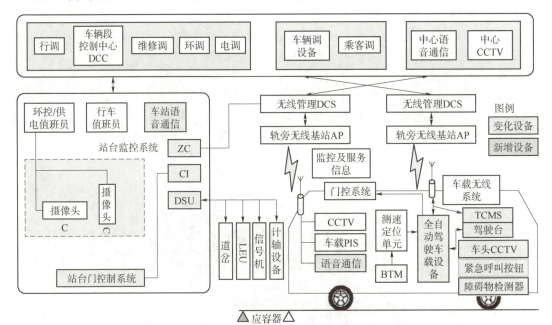

图6-2-3 无人驾驶轨道列车的总体架构

全自动无人驾驶系统与以往的系统相比，地面新增部分设备及车辆调度和乘客调度；车载新增全自动驾驶车载设备、紧急呼叫按钮、障碍物探测器、车头视频监控系统（CCTV）等；同时对于系统原有的行车调度及综合监控系统、车站站台门控制系统、通信系统、视频监控系统等设备的功能进行增强。其中，信号系统增设的设备主要包括列车唤醒模块、选择性开关门控制盘（PSL）、作业封锁开关（SPKS）、智能化列车自动控制系统（ATC）设备等；同时，车载列车数据管理系统（TDMS）和车载列车自动驾驶子系统（ATO）设备均按冗余方式配置。

2. 无人驾驶轨道列车的关键技术

无人驾驶轨道列车的关键技术包括以下内容。

1）基于深度强化学习的轨道列车控制技术

对于城市内的地铁和轻轨，车次与车次之间的时间间隔很短，如何控制列车运行的车速、刹车的时间、在不同站点的等待时间，对于无人驾驶轨道列车是至关重要的。基于深度强化学习的轨道列车控制技术对于无人驾驶轨道列车的运行控制是最有效的解决途径。同时，人工智能系统随着列车车况变化的不断学习，能够积累更多的解决算法，能够处理更复杂的车况变化。环境感知是无人驾驶轨道列车进行一切决策和控制行为的基础，而目标检测与识别是环境感知最基本和最重要的功能之一，在线和离线决策以及车辆车次规划的方法，是最适用于无人驾驶轨道列车控制的方法。

2）基于大数据分析的轨道车辆配置技术

根据不同车辆路线的大数据分析对该路线的配置车辆的数量、车次、运行时间、运行数量等做最合理的配置，最优化地利用有限资源。这既能够降低运行成本，又能够提高运输效益，还能够完全满足乘客出行或货物运输要求，可以说基于大数据分析的轨道车辆配置技术对于车辆运行方和用户是双赢的方案。基于大数据分析的轨道列车配置技术是针对多条运输线路、大规模运输最优的解决方案。

3）基于5G通信和云计算的整车物联网技术

在道路交通领域，5G通信和车联网都已经是道路交通发展必要的技术手段。5G技术的高速发展将大大推动整车物联网和车联网的深度运用。5G通信和云计算将会最大限度地释放车载系统的应用潜力，为用户提供最好的技术服务和算力支持。5G通信带来的超高速通信能够在列车运行过程中大幅提高系统与控制中心的连接速度，能够在第一时间完成数据传输和系统升级，保证列车在无人驾驶条件下能够通过车载系统与控制中心实施连接，保证列车行驶安全可控。5G通信和云计算必将是支撑无人驾驶轨道列车实现的核心关键技术。

> **思政园地**
>
> **深圳地铁加速驶入"智慧化""标准化"新时代**
>
> 深圳东部首条地铁快线14号线列车现身了，该绕路是从福田岗厦北到坪山沙田站，将实现全自动无人驾驶，预计在2022年年底可试运营。
>
> 2021年10月29日，深圳地铁在昂鹅车辆段与中车长客举行了合作协议签约仪式（图6-2-4），这标志着深圳地铁车辆技术再次升级，深圳地铁已加速驶入"智慧化""标准化"新时代。双方将围绕80 km/h A型地铁列车及120 km/h A型综合检测车研制及试验，以及智慧地铁、智能装备等项目，进一步促进并规范我国城市轨道交通车辆技术发展，打造中国城市轨道交通装备的样板工程，推动深圳轨道交通产业高质量发展。

图 6-2-4　签约仪式

此次签约是深圳地铁在国家重大技术装备项目上的又一重要里程碑。随着协议的签署，深圳地铁将以突破关键核心技术，打造技术先进的标准化地铁列车为目标，共同推动 30 项核心技术和关键部件的自主化和技术升级，推进自主化部件攻关，破解"卡脖子"难题，通过实现关键技术国产化，提高轨道交通装备制造业的产品质量、创新能力和综合竞争力，充分运用深圳地铁的专业智慧，为行业提供新的"深圳经验"。

由此，随着"智能化"时代的到来，我们更加要将理论与实践相结合，实践是检验理论的唯一标准，科教兴国战略也必须接受实践的检验，并在实践中得以升华。在落实国兴科教与科教兴国的过程中要发挥我们"人"的主导因素，以教育为基础，依靠创新来展开。

学一学

扫描二维码，深度了解全自动无人驾驶列车——深圳地铁 14 号线。

任务实施

步骤一：认知无人驾驶系统

请查找搜集资料，总结无人驾驶系统的特点。

步骤二：无人驾驶系统的发展

请搜集资料，梳理城市轨道交通系统的发展变化。

步骤三：无人驾驶轨道列车的应用与发展

请思考并总结无人驾驶轨道列车的应用与发展。

任务评价

学生自评表

班级			姓名		学号		
任务名称			无人驾驶轨道列车				
评价项目（占比）		评价标准				分值	得分
考勤（10%）	无故旷课、迟到、早退（出现一次扣10分）					10	
	请假（出现一次扣2分）						
学习能力（10%）	合作学习能力	小组合作参与程度（优6分，良4分，一般2分，未参与0分）				6	
	个人学习能力	个人自主探究参与程度（优4分，良2分，未参与0分）				4	
工作过程（60%）	认知无人驾驶系统	能总结、描述无人驾驶系统的特点（每错一处扣3分）				20	
	无人驾驶系统的发展	能梳理、总结城市轨道交通系统的发展变化（每错一处扣3分）				20	
	无人驾驶轨道列车的应用与发展	能梳理、总结无人驾驶轨道列车的应用与发展（每错一处扣3分）				20	
工作成果（20%）	成果完成情况	能按规范及要求完成任务环节（未完成一处扣2分）				10	
	成果展示情况	能准确展示无人驾驶系统的特点、发展状况，无人驾驶轨道列车的应用与发展（失误一次扣5分）				10	
		得分					

小组自评表

班级			本组组别					
本组成员名单	组长： 组员：							
任务名称			无人驾驶轨道列车					
评价项目 （占比）	评价标准			分值	组别			
					得分	得分	得分	得分
考勤 （10%）	无故旷课、迟到、早退（出现一次扣10分）			10				
	请假（出现一次扣2分）							
学习能力 （10%）	合作学习能力	小组合作参与程度（优6分，良4分，一般2分，未参与0分）		6				
	个人学习能力	个人自主探究参与程度（优4分，良2分，未参与0分）		4				
	认知无人驾驶系统	能总结、描述无人驾驶系统的特点（每错一处扣3分）		20				
	无人驾驶系统的发展	能梳理、总结城市轨道交通系统的发展变化（每错一处扣3分）		20				
	无人驾驶轨道列车的应用与发展	能梳理、总结无人驾驶轨道列车的应用与发展（每错一处扣3分）		20				
工作成果 （20%）	成果完成情况	能按规范及要求完成任务环节（未完成一处扣2分）		10				
	成果展示情况	能准确展示无人驾驶系统的特点、发展状况，无人驾驶轨道列车的应用与发展（失误一次扣5分）		10				
得分								

教师评价表

任务名称			无人驾驶轨道列车			
授课信息						
班级		组别		姓名	学号	
评价项目 （占比）	评价标准				分值	得分
考勤 （10%）	无故旷课、迟到、早退（出现一次扣10分）				10	
	请假（出现一次扣2分）					
学习能力 （10%）	合作学习能力	小组合作参与程度（优6分，良4分，一般2分，未参与0分）			6	
	个人学习能力	个人自主探究参与程度（优4分，良2分，未参与0分）			4	
	认知无人驾驶系统	能总结、描述无人驾驶系统的特点（每错一处扣3分）			20	
	无人驾驶系统的发展	能梳理、总结城市轨道交通系统的发展变化（每错一处扣3分）			20	

续表

评价项目（占比）		评价标准	分值	得分
学习能力（10%）	无人驾驶轨道列车的应用与发展	能梳理、总结无人驾驶轨道列车的应用与发展（每错一处扣3分）	20	
工作成果（20%）	成果完成情况	能按规范及要求完成任务环节（未完成一处扣2分）	10	
	成果展示情况	能准确展示无人驾驶系统的特点、发展状况，无人驾驶轨道列车的应用与发展（失误一次扣5分）	10	
得分				

综合评价表

班级		姓名		学号	
自评得分（20%）		小组互评得分（20%）		教师评价得分（60%）	综合得分

评语：

反思总结

在本任务的学习过程中，遇到了哪些困难？这些困难是如何解决的？

项目七　智能配送设备与应用

任务一　智能快递柜

任务目标

通过本任务的学习,可以达成以下目标。

学习目标	(1) 理解智能快递柜的发展现状; (2) 掌握智能快递柜的功能; (3) 了解智能快递柜的应用场景; (4) 明确智能快递柜的结构及工作原理。
素质目标	通过智能快递柜的发展激发学生的专业自豪感。

任务引领

随着互联网越来越深入人们的生活,线上购物成为人们的普遍生活方式,然而由于时间限制以及其他原因,快递取件成为一个"甜蜜的忧伤"。

随着网购新时代的到来,取件也有了新方式,智能快递柜"闯入"了人们的生活中,它让那些没有办法及时被取走的货物有了一个暂存点,也为人们线上购物提供了便利。

智能快递柜

请结合本任务所学知识,借助互联网查阅资料,总结智能快递柜的构成、工作原理以及作业流程等。

问题引导

引导问题 1：什么是智能快递柜？它具有哪些功能？

引导问题 2：在日常生活中如何使用智能快递柜？请阐述使用感受。

知识准备

本任务的知识图谱如图 7-1-1 所示。

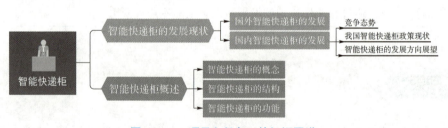

图 7-1-1　项目七任务一的知识图谱

一、智能快递柜的发展现状

智能快递柜已有十多年的发展历史，目前全球应用智能快递柜的主要国家和地区为中国、美国、西欧（德国、法国、意大利、西班牙等）、东南亚部分国家、南美部分国家，智能快递柜的全球市场正处于高速增长阶段，各国的应用模式也不尽相同。

1. 国外智能快递柜的发展

近年来，由于人力成本控制与效率提升的需要，国内智能快递柜发展迅猛。对于智能快递柜，欧美国家是"第一个吃螃蟹的人"。国际上，一些国家已有完善的智能快递柜配套设施，主要由政府主导建设或者由物流企业建设，基本上都向用户提供免费的相关服务，具体见图 7-1-2 和表 7-1-1。

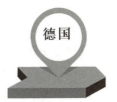

99%的新建筑都有一个标准配置的智能快递柜。

快递柜覆盖全国90%的人口，可以在10 min内走到一个智能快递柜处。

亚马逊the Hub计划及USP Access Point计划，是降低成本的关键推动力。

图 7-1-2　国外智能快递柜简介

表 7-1-1　国外智能快递柜应用案例

国家	覆盖区域	提供商类型	对用户收费情况	代表企业	智能快递柜图例
日本	社区及公共场所	政府	免费	Yamato	
		小区物业	收取物业费	……	
德国	社区	物流公司	免费	DHL	
美国	便利店、药店、社区	电子商务企业 物流企业	免费	Amazon UPS	

2. 国内智能快递柜的发展

2020年，我国智能快递柜的市场规模达到354亿元，年复合增长率达到40%，比快递件量增速高出10%，这说明当前市场上智能快递柜所承担的快件末端派送比例目前仍处于较低水平。

1）竞争态势

第一类是快递公司建设的智能快递柜，以中邮速递易和丰巢为代表企业。在中邮速递易掀起智能快递柜热潮之后，国内的智能快递柜迅速发展，以中邮速递易和丰巢为代表的快递系企业逐渐成为行业中的龙头企业。

第二类是电子商务企业自建的智能快递柜，代表企业为京东、苏宁易购的自提柜业务，而电商系的智能快递柜数量相对较少，宣传力度不大。

第三类是第三方智能快递柜运营管理公司，代表企业为江苏云贵、上海富友、日日顺等，而第三方平台品牌众多，主要发力细分市场和局部市场。

竞争态势示意如图 7-1-3 所示。

图 7-1-3　竞争态势示意

2)我国智能快递柜政策现状

对于智能快递柜业务,国家不断出台、完善政策,为智能快递柜行业高质量发展提供保障。2019年6月,交通运输部发布的《智能快件箱寄递服务管理办法》支持将智能快递柜纳入公共服务设施相关规划和便民服务、民生工程等项目,在住宅小区、高等院校、商业中心、交通枢纽等区域布局智能快递柜。同时政府规范智能快递柜业务发展,2020年4月,国家邮政局出台《智能快件箱网点备案规则》和《企业运营智能快件箱经营快递业务许可核定规则(2020年版)》,明确智能快递柜网点备案规则。

> **学一学**
>
> 扫描二维码了解国内智能快递柜的详细政策。
>
>

智能快递柜行业作为快递公司和电子商务公司的配套服务行业,成为电子商务价值链条中的重要一环,同时也为第三方智能快递柜运营管理公司提供机会,未来对电子商务物流效率的提升和数据提取变现的作用将越来越重要。

3)智能快递柜的发展方向展望

智能快递柜的发展方向展望如图7-1-4所示。

图7-1-4 智能快递柜的发展方向展望

二、智能快递柜概述

1. 智能快递柜的概念

智能快递柜是指在公共场合(小区),可以通过二维码或者数字密码完成投递和提取快件的自助服务设备,又称为自助提货柜、智能提货柜、智能快递存储柜、智能快递箱等。

智能快递柜是一个基于物联网的、能够对快件进行识别、暂存、监控和管理的设备,智能快递柜与服务器一起构成智能快递终端系统,由服务器对系统中的各个智能快递柜进行统一管理,并对快件的入箱、存储以及领取等信息进行综合分析处理。

智能快递柜操作如图7-1-5所示。

项目七 智能配送设备与应用

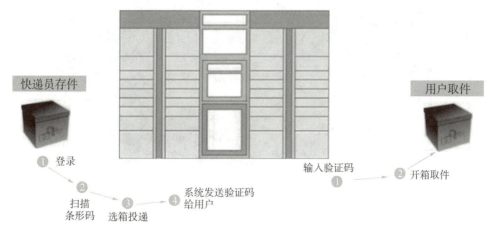

图 7-1-5 智能快递柜操作

2. 智能快递柜的结构

标准智能快递柜由 1 个主柜和 4 个副柜（84 格）组成，高度为 2.1 m，宽度为 4.5 m，深度为 0.5 m，占地面积约为 2.25 m^2。两侧的副柜可以根据放置地点的条件拓展和增加。格口的大小分为 3 种（大、中、小），这样的设计可以提高空间利用率，小件放小格，大件放大格，更加灵活，如图 7-1-6 所示。

丰巢宣传片

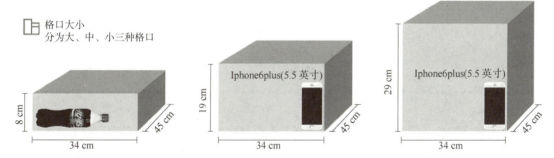

图 7-1-6 智能快递柜格口示意图

3. 智能快递柜的功能

智能快递柜主要的功能有寄件、取件、暂存、广告、监控、照明和语音提示等。

1）寄件功能

寄件是智能快递柜最基本的功能，主要是方便个人用户。传统的寄快递模式是用户找到快递员才能寄快递，可供用户选择的快递公司少，价格不能进行比较，而且相对麻烦，有了智能快递柜之后，用户只需要选择好理想的快递公司，根据格口大小，把要寄的物品放进智能快递柜，扫描二维码支付快递费用即可，相应的快递员在投递快件的时候，看到有物品要寄出，就会顺便揽收快件，整个流程简单方便，如图 7-1-7 所示。

> **小提示**
>
> 以下物品不建议被投放至智能快递柜中。
> （1）外包装破损、变形的快件；
> （2）不适合当前室外温度存放、易变质、易腐烂、易碎的物品；
> （3）紧急、重要的信函，货到付款的快件。

图 7-1-7 通过智能快递柜寄件

2）取件功能

取件功能是智能快递柜设计的初衷，将快件放进智能快递柜，一能节省时间，也就是说一天之内快递员能投递更多快递，提升了配送效率；二是方便了消费者，比如上班族、学生等没有办法守在家里等快递，有了智能快递柜之后，他们的活动灵活度就大大增加了，从另一方面看，这也是一种促进消费的行为。

学 一 学

扫描二维码查看使用智能快递柜寄件、取件操作流程。

3）暂存功能

除了寄件和取件功能以外，智能快递柜还具有暂存功能，企业可以完成物品的多次存和取，轻松实现物品交换、库存管理，例如玩具租用、家电租用、洗衣、租书等。个人用户也可以使用智能快递柜暂存物品，只要填写好存件人、取件人的信息，选择所需的格口尺寸、取件时间等就可以了，该功能类似储物柜。

4）广告功能

智能快递柜的主柜屏幕在没有人取件或寄件时会放映广告，也就是说有人走近智能快递柜或者在准备使用智能快递柜时，映入眼帘的就是广告，同时可以在副柜上贴广告贴纸等，起到非常直观的宣传效果。广告既属于智能快递柜的一项功能，又是其利润来源之一，如图 7-1-8 所示。

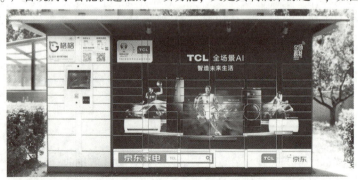

图 7-1-8 智能快递柜广告

5）监控、照明和语音提示功能

每一个智能快递柜的上方都有一个监控器，可以实时记录寄件人、取件人操作的时间，这为货物遗失等问题提供了有效的证据。

智能快递柜十分贴心，为了方便用户晚上操作，在夜间当用户使用智能快递柜时，智能快递柜自用灯会自动亮起，在用户离开后该灯会自动熄灭，这样的感应系统既可以方便用户，又不会浪费电源。

智能快递柜还配有语音提示功能，在用户的每一步操作之前，会有语音提示，比如在取件时，会提醒用户"请打开二维码或按取件码取件"，当取件完成后，会提醒用户"柜门已打开，取件后请关好柜门"，这样的语音提示及时提醒用户该做什么、怎么做，极大地减少了差错的发生，十分人性化，如图7-1-9所示。

图7-1-9　智能快递柜的语音提示功能

任务实施

步骤一：常见智能快递柜认知

（1）请查阅网络资料，总结目前国内常见的智能快递柜，输入表7-1-2。

表7-1-2　国内常见的智能快递柜

国内常见的智能快递柜名称	智能快递柜的特点

（2）请根据图 7-1-10，结合所学习的知识总结智能快递柜的核心结构。

取件操作指南

①收到提取码短信，到达指定快递柜，按"取件"按钮

②进行实名认证，将身份证放置在感应处，注视屏幕进行人脸识别

③输入有效的取件码按"确定"按钮

④柜门打开，取走快递，关好柜门

图 7-1-10 智能快递柜操作示意

步骤二：智能快递柜的优、缺点
请尝试总结智能快递柜的优、缺点分别是什么。

步骤三：智能快递柜的使用原理
请尝试总结用户利用智能快递柜取件的操作流程，并简单描述每一个流程的核心内容。

学生自评表

班级		姓名		学号	
任务名称		智能快递柜			
评价项目（占比）		评价标准		分值	得分
考勤（10%）	无故旷课、迟到、早退（出现一次扣10分）			10	
	请假（出现一次扣2分）				
学习能力（10%）	合作学习能力	小组合作参与程度（优6分，良4分，一般2分，未参与0分）		6	
	个人学习能力	个人自主探究参与程度（优4分，良2分，未参与0分）		4	
工作过程（60%）	常见智能快递柜认知	能准确总结国内常用的智能快递柜（每错一处扣1分）		10	
		能准确梳理智能快递柜的核心结构（每错一处扣2分）		10	
	智能快递柜的优、缺点	能准确总结智能快递柜的优点（每错一处扣1分）		5	
		能准确总结智能快递柜的缺点（每错一处扣1分）		5	
	智能快递柜的使用原理	能准确总结智能快递柜的寄件使用流程（每错一处扣5分）		15	
		能准确总结智能快递柜的取件使用流程（每错一处扣5分）		15	
工作成果（20%）	成果完成情况	能按规范及要求完成任务环节（未完成一处扣2分）		10	
	成果展示情况	能准确展示常见的智能快递柜汇总表及智能快递柜操作流程（失误一次扣5分）		10	
得分					

小组自评表

班级		本组组别					
本组成员名单	组长： 组员：						
任务名称		智能快递柜					
评价项目（占比）		评价标准	分值	组别			
				得分	得分	得分	得分
考勤（10%）	无故旷课、迟到、早退（出现一次扣10分）		10				
	请假（出现一次扣2分）						
学习能力（10%）	合作学习能力	小组合作参与程度（优6分，良4分，一般2分，未参与0分）	6				
	个人学习能力	个人自主探究参与程度（优4分，良2分，未参与0分）	4				

续表

评价项目（占比）	评价标准		分值	组别				
				得分	得分	得分	得分	得分
工作过程（60%）	常见智能快递柜认知	能准确总结国内常用的智能快递柜（每错一处扣1分）	10					
		能准确梳理智能快递柜的核心结构（每错一处扣2分）	10					
	智能快递柜的优、缺点	能准确总结智能快递柜的优点（每错一处扣1分）	5					
		能准确总结智能快递柜的缺点（每错一处扣1分）	5					
	智能快递柜的使用原理	能准确总结智能快递柜的寄件使用流程（每错一处扣5分）	15					
		能准确总结智能快递柜的取件使用流程（每错一处扣5分）	15					
工作成果（20%）	成果完成情况	能按规范及要求完成任务环节（未完成一处扣2分）	10					
	成果展示情况	能准确展示常见的智能快递柜汇总表及智能快递柜操作流程（失误一次扣5分）	10					
得分								

教师评价表

任务名称		智能快递柜			
授课信息					
班级		组别	姓名	学号	

评价项目（占比）	评价标准		分值	得分
考勤（10%）	无故旷课、迟到、早退（出现一次扣10分）		10	
	请假（出现一次扣2分）			
学习能力（10%）	合作学习能力	小组合作参与程度（优6分，良4分，一般2分，未参与0分）	6	
	个人学习能力	个人自主探究参与程度（优4分，良2分，未参与0分）	4	
工作过程（60%）	常见智能快递柜认知	能准确总结国内常用的智能快递柜（每错一处扣1分）	10	
		能准确梳理智能快递柜的核心结构（每错一处扣2分）	10	
	智能快递柜的优、缺点	能准确总结智能快递柜的优点（每错一处扣1分）	5	
		能准确总结智能快递柜的缺点（每错一处扣1分）	5	
	智能快递柜的使用原理	能准确总结智能快递柜的寄件使用流程（每错一处扣5分）	15	
		能准确总结智能快递柜的取件使用流程（每错一处扣5分）	15	
工作成果（20%）	成果完成情况	能按规范及要求完成任务环节（未完成一处扣2分）	10	
	成果展示情况	能准确展示常见的智能快递柜汇总表及智能快递柜操作流程（失误一次扣5分）	10	
得分				

项目七　智能配送设备与应用

综合评价表

班级		姓名		学号	
自评得分（20%）	小组互评得分（20%）		教师评价得分（60%）		综合得分

评语：

反思总结

在本任务的学习过程中，遇到了哪些困难？这些困难是如何解决的？

任务二　无人配送车

任务目标

通过本任务的学习，可以达成以下目标。

学习目标	（1）了解无人配送车的含义及主要功能； （2）熟悉无人配送车的关键技术； （3）掌握无人配送车的应用场景； （4）了解无人配送车的发展趋势。
素质目标	树立信息化作业意识，培养学生的创新精神。

任务引领

近年来，我国以网络购物、移动支付、线上线下融合等新业态、新模式为特征的新型消费迅速发展，特别是自 2020 年初的新冠肺炎疫情发生以来，民众居家隔离，线下消费受到严重影响，新型消费发挥了重要作用。同时，新一代人工智能正在引发链式突破，推动经济社会各领域加速向数字化、网络化和智能化的趋势转型。

人工智能等关键核心技术的快速迭代创新，与新零售、外卖等本地生活场景对于即时无人配送的高需求，共同驱动了无人配送车产业的快速发展落地，推动物流产业链向智能化、无人化的方向发展。

在由《中外管理》联合举办的"2020 年中国企业可持续发展十大趋势"线上发布会上，中国可持续发展工商理事会会长王基铭院士就提出："未来十大趋势之一就是数字技术提升企业经营效率，'智慧企业'助力科学管理。数字化将重新配置各类要素，形成新的商业模式，为企业构建科学的管理流程与运营模式。"而这其中，无人配送车的大规模应用，是应有之义。

请结合本任务所学知识，借助互联网查阅资料，尝试总结无人配送车的工作过程、主要应用场景以及发展趋势。

爱心无人车变身"快递员"，解锁封控小区

问题引导

引导问题 1：无人配送车具备哪些功能和特点？

引导问题2：无人配送车在智能物流中具体有哪些应用？尝试举例说明。

知识准备

本任务的知识图谱如图7-2-1所示。

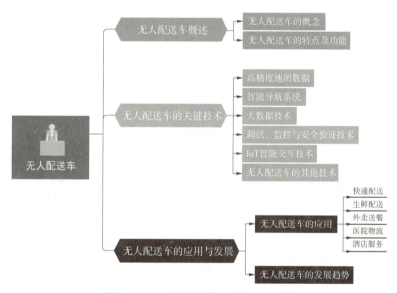

图7-2-1 项目七任务二的知识图谱

一、无人配送车概述

1. 无人配送车的概念

无人配送车又称为配送机器人，是指以移动平台技术、GPS技术、智能感知技术、智能语音技术、网络通信技术和智能算法技术等为支撑，具备感知、定位、移动、交互能力，能够根据用户需求，收取、运送和投递物品，完成配送活动的机器人，如图7-2-2所示。

2. 无人配送车的特点及功能

1）无人配送车的特点

无人配送车主要有两大特点，如图7-2-3所示。

图7-2-2 无人配送车

图 7-2-3　无人配送车的特点

2）无人配送车的场景特征

一方面，无人配送车是智慧物流体系生态链的终端，面对的配送场景非常复杂，需要应对各类订单配送的现场环境、路面、行人、其他交通工具以及用户的各类场景，进行及时有效的决策并迅速执行，这需要无人配送车具备高度的智能化和自主学习能力。

另一方面，无人配送场景有"小、轻、慢、物"的特点，因此对无人驾驶技术的可靠性要求相对较低，无人配送车可以更早地落地应用，帮助研发人员进行无人驾驶技术的测试和迭代。

3）无人配送车的主要功能

无人配送车的主要功能如图 7-2-4 所示。

图 7-2-4　无人配送车的主要功能

学一学

扫描二维码查看案例，理解无人配送车的功能。

二、无人配送车的关键技术

物流设备是物流系统的物质基础，应用于物流活动的各个环节，在物流系统中处于十分重要的地位。随着智能物流设备的发展与应用，物流运作水平、效率、效益、服务质量得到极大提升，对于促进物流产业快速发展起到了重要作用，同时也为制造、电子商务等其他行业提供了有力支撑。

无人配送车的关键技术如图 7-2-5 所示。

项目七 智能配送设备与应用

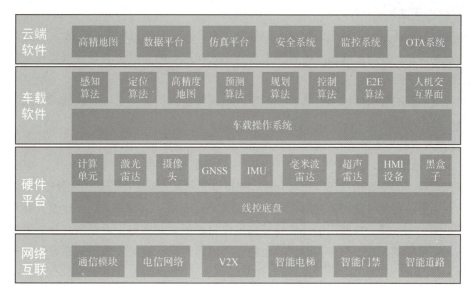

图 7-2-5 无人配送车的关键技术

1. 高精度地图数据

高精度地图数据由于在精度方面的要求更高，在采集方式上主要依赖激光点云数据的采集以及其他高精度感应装置获取的数据加工得到结果。

高精度地图构图效果如图 7-2-6 所示，激光点云建图效果如图 7-2-7 所示。

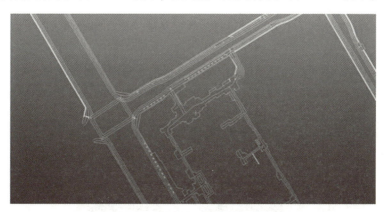

图 7-2-6 高精度地图构图效果

图 7-2-7 激光点云建图效果

· 189 ·

2. 智能导航系统

高精度导航行动指引针对无人配送车的导航，主要原理是通过服务端向无人配送车下发导航关键地点的信息，并通过高精度传感器来判断无人配送车的当前位置是否偏离预定航向，从而对无人配送车的行动进行实时引导。

智能导航系统的导航区域需要从传统的室外道路向室内扩展，室内导航技术在无人配送车领域拥有广泛的应用场景。

1）室内导航技术

一是 WiFi 指纹，即无人配送车感知到的周围的多个 WiFi 接入点的信号强度，通过将 WiFi 指纹与事先采集到的位置指纹库作比对分析，就可以得到无人配送车当前的大致位置。

二是使用即时定位与地图构建（Simultaneous Localization And Mapping，SLAM）技术，无人配送车通过激光和摄像头观测周围环境特征，定位自身位置和姿态，再根据自身位置增量式地构建地图。一旦完成了地图构建，后续的在同一区域内的运行就可以复用地图做进一步的定位和规划。

2）以配送任务二维核心的智能路径规划

（1）地址解析：提供地理编码服务，能够将地址转化为经、纬度信息，把订单地址转化为配送地址。

（2）到达点分析：将目标地址精细解析为可停靠或可进入的精准位置信息。

（3）多点配送：针对某个区域进行沿途多点配送。

3. 大数据技术

高精度地图数据是无人配送车导航运行的数据基础，只有拥有详细而全面的高精度数据，才能对无人配送车的行驶提供可靠的行动指引。

无人配送车的运行本身也是数据的感知行为，借助车身的各种传感器，无人配送车能够对实际道路情况进行实时的感知，并且随着无人配送车运营数量的规模化，数据感知的范围能够覆盖更多区域和场景，从而实现数据的实时感知更新。

大数据技术在无人配送车应用中的特点如图 7-2-8 所示。

图 7-2-8 大数据技术在无人配送车应用中的特点

4. 调度、监控与安全验证技术

1）无人配送车物流调度与监控

（1）无人配送车的调度。

调度系统对所有无人配送车的行动进行统一调配。其关键技术为大规模人机协同配送的智能调度系统，该系统能够完美地安排指派的配送员、无人配送车经过的路径和时间，从而高效地完成订单的交接。

（2）无人配送车状态监控。

监控系统能够对所有运行中的无人配送车进行状态查询，对于在行进中遇到的情况，能够实时感知到紧急情况并上报，同时提示监控人员对紧急情况进行处理。

(3) 人工接管

对于各种紧急情况,监控系统将允许监控人员以人工接管的方式对无人配送车进行远程遥控,包括远程喊话、遥控驾驶、路径修改等。

2) 多种验证方式的融合

(1) 验证码方式。

用户接到短信后在无人配送车车身上的屏幕中输入验证码,无人配送车验证之后进行开箱。

(2) 人脸识别。

人脸识别的目的是保证由用户本人接收快件,它需要在系统中提前进行面部采样。

(3) 声纹识别。

声纹识别指的是利用每个人的发声器官(舌、牙齿、喉头、鼻腔)在尺寸和形态方面的个体差异性来确定发声人的身份。

5. IoT 智能交互技术

无人配送车要能够与道路、电梯、门禁等顺利进行交互,如图 7-2-9 所示。

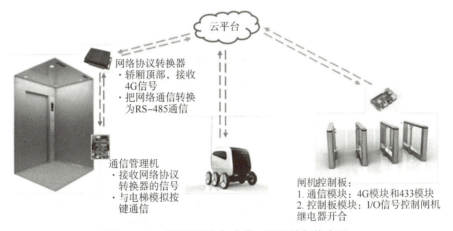

图 7-2-9　无人配送车与电梯、闸机的智能交互

6. 无人配送车的其他技术

无人配送车的其他技术如图 7-2-10 所示。

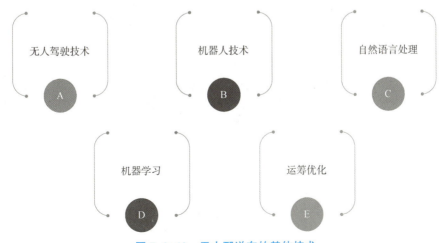

图 7-2-10　无人配送车的其他技术

三、无人配送车的应用与发展

1. 无人配送车的应用

1）快递配送

京东配送车如图 7-2-11 所示。

京东无人配送车的搭载量为 30 件。其功能亮点在于能依据物品尺寸调整柜子大小并做到车体与箱柜分离，便于整体更换箱柜。

京东无人配送车到达配送点后，用户即可收到它发送的取货信息，并可以通过面部识别、取货码、链接等方式取货，取完货后关上仓门即可。

中通快递为物流末端配送打造无人配送车

图 7-2-11　京东配送车

2）生鲜配送

苏宁"卧龙一号"如图 7-2-12 所示。

图 7-2-12　苏宁"卧龙一号"

京东无人配送车开跑

苏宁"卧龙一号"承担苏宁小店周边社区 3 km 范围内的订单，配送线上 1 h 生活圈的即时服务，保证生鲜果蔬、日常用品和食物均能新鲜及时地送到家。

苏宁"卧龙一号"能突破天气和时间的限制，完成各种恶劣天气下和夜晚时间的配送，真正实现 24 h 的准时配送服务。

苏宁"卧龙一号"高 1 m 左右，可承重 30 kg，配送的速度可以达到 12 km/h，爬坡高度为 35°，续航可达 8 h，定位精度为 1~3 cm。

在智能感应方面主要采用"多线激光雷达+GPS+惯导"等多传感器融合定位方式，融合激光雷达拥有更加灵敏的避障反应能力。

在人机交互方面，苏宁"卧龙一号"具有更加高效的地形适应能力，可以智能提示路过的行人、车辆和障碍物，为规划最优绕行路径提供依据。

3）外卖送餐

饿了么"万小饿"如图 7-2-13 所示。

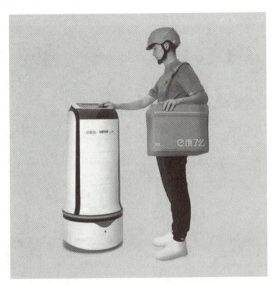

图 7-2-13　饿了么"万小饿"

饿了么"万小饿"具备自主设置路线、应对多种路面情况、自主上下电梯的能力。

饿了么"万小饿"针对餐品的特殊性，设计了 3 层超大恒温箱，餐品可冷、热分离放置以保证其送达温度。

用户先在客户端点餐，饿了么"万小饿"接到订单后启动配送，到达所在楼层后告知用户并进入等待取餐状态，用户根据触摸屏上的提示打开舱门完成取餐。

4）医院物流

诺亚医院物流机器人如图 7-2-14 所示。

图 7-2-14　诺亚医院物流机器人

诺亚医院物流机器人主要聚焦药品、标本、手术室配送3个方向。配送箱体分为整体封闭式和全开放式两种形式。在使用过程中，由医护人员在终端系统下单，库管人员配货，以密码锁和医护人员工作卡登记的形式，进行医用物资的放入和取出。诺亚医院物流机器人在配送过程中会发出语音信号，提示和提醒周围人群及时避障。

5）酒店服务

"润"是云迹公司研发的服务机器人（图7-2-15），它具备配送过程中的自由移动、避障、自主乘电梯等基础功能，陪客人日常闲聊、导航引路和物品配送都是其服务范围。用户可以通过语音对"润"下达运送命令，由工作人员完成配货并输入房间号，即可上门投递，在物品送达房间门口时，"润"会自动拨打电话，等客人取走物品，返回等待下一次任务。

图7-2-15 "润"

2. 无人配送车的发展趋势

1）智能化

未来的无人配送车能够适应多种场景，具备智能感知、自主学习与控制等能力。在对获取的信息进行分类、归纳和提取的基础上，结合智能算法和高精度无线传感器，无人配送车将具有更高的智慧、更强的工作能力，变得更加智能化。

2）人性化

在功能层面，无人配送车要保证物品的安全及物品在从运出到送达过程中状态的一致性，还要在放和取的操作上做到自然流畅等。在心理层面，可考虑使无人配送车的整体外观造型给人以安全感和亲切感，在与用户的交互上，做到像人与人那样交流，以满足用户的情感需求等。

3）多元化

例如，针对医院的检验样本和日常生活品的快递，在无人配送车的具体设计上会考虑箱柜的大小、是否可冷热分离、是否能消毒、是否与其应用的环境和谐共存等多维度的问题，使各领域的无人配送车朝着其更专业的方向发展，这将使无人配送车行业更加多元化。

项目七　智能配送设备与应用

任务实施

步骤一：无人配送车的工作流程

请通过互联网、图书馆等渠道，尝试梳理无人配送车的工作流程。

步骤二：无人配送车的优势

（1）请结合所学习的知识，通过互联网、图书馆等渠道搜集、整理无人配送车在物流配送场景下所具有的优势。

（2）请结合网络资料，尝试总结无人配送车要解决的问题有哪些。

任务评价

学生自评表

班级		姓名		学号		
任务名称		无人配送车				
评价项目（占比）		评价标准			分值	得分
考勤（10%）	无故旷课、迟到、早退（出现一次扣10分）				10	
	请假（出现一次扣2分）					
学习能力（10%）	合作学习能力	小组合作参与程度（优6分，良4分，一般2分，未参与0分）			6	
	个人学习能力	个人自主探究参与程度（优4分，良2分，未参与0分）			4	

续表

评价项目（占比）		评价标准	分值	得分
工作过程（60%）	无人配送车的工作流程	能总结无人配送车的工作流程（每错一处扣3分）	15	
		能说出每一操作环节的关键点（每错一处扣3分）	15	
	无人配送车的优势	能举例说明无人配送车在物流配送场景下的优势（每错一处扣4分）	20	
		能合理总结无人配送车常态化应用需要解决的核心问题（每错一处扣3分）	15	
工作成果（20%）	成果完成情况	能按规范及要求完成任务环节（未完成一处扣2分）	10	
	成果展示情况	能准确展示无人配送车的结构以及现状和应用（失误一次扣5分）	10	
得分				

小组自评表

班级			本组组别				
本组成员名单	组长：						
	组员：						
任务名称			无人配送车				

评价项目（占比）		评价标准	分值	组别			
				得分	得分	得分	得分
考勤（10%）	无故旷课、迟到、早退（出现一次扣10分）		10				
	请假（出现一次扣2分）						
学习能力（10%）	合作学习能力	小组合作参与程度（优6分，良4分，一般2分，未参与0分）	6				
	个人学习能力	个人自主探究参与程度（优4分，良2分，未参与0分）	4				
	无人配送车的工作流程	能总结无人配送车的工作流程（每错一处扣3分）	15				
		能说出每一操作环节的关键点（每错一处扣3分）	15				
	无人配送车的优势	能举例说明无人配送车在物流配送场景下的优势（每错一处扣4分）	20				
		能合理总结无人配送车常态化应用需要解决的核心问题（每错一处扣3分）	15				
工作成果（20%）	成果完成情况	能按规范及要求完成任务环节（未完成一处扣2分）	10				
	成果展示情况	能准确展示无人配送车的结构以及现状和应用（失误一次扣5分）	10				
得分							

教师评价表

任务名称		无人配送车						
授课信息								
班级		组别		姓名		学号		
评价项目（占比）		评价标准	分值	组别				
				得分	得分	得分	得分	得分
考勤（10%）	无故旷课、迟到、早退（出现一次扣10分）		10					
	请假（出现一次扣2分）							
学习能力（10%）	合作学习能力	小组合作参与程度（优6分，良4分，一般2分，未参与0分）	6					
	个人学习能力	个人自主探究参与程度（优4分，良2分，未参与0分）	4					
	无人配送车的工作流程	能总结无人配送车的工作流程（每错一处扣3分）	15					
		能说出每一操作环节的关键点（每错一处扣3分）	15					
	无人配送车的优势	能举例说明无人配送车在物流配送场景下的优势（每错一处扣4分）	20					
		能合理总结无人配送车常态化应用需要解决的核心问题（每错一处扣3分）	15					
工作成果（20%）	成果完成情况	能按规范及要求完成任务环节（未完成一处扣2分）	10					
	成果展示情况	能准确展示无人配送车的结构以及现状和应用（失误一次扣5分）	10					
		得分						

综合评价表

班级		姓名		学号	
自评得分（20%）	小组互评得分（20%）		教师评价得分（60%）		综合得分

评语：

反思总结

在本任务的学习过程中,遇到了哪些困难?这些困难是如何解决的?

项目七　智能配送设备与应用

任务三　无人机

任务目标

通过本任务的学习，可以达成以下目标。

学习目标	（1）掌握无人机的概念及主要特点； （2）了解无人机的分类； （3）熟悉无人机在物流行业中的主要应用； （4）了解无人机的关键技术。
素质目标	树立"敢为人先"的精神，发展求异思维。

任务引领

伴随着我国经济发展，人民的生活水平不断提高，网购的数量越来越多，在拉动我国物流行业发展的同时，也大大增加了物流行业的配送工作量。无人机在物流行业中的应用，不仅可以节约配送工作的人力、物力，还可以提高配送工作的效率。

请结合本任务所学知识，借助互联网查阅资料，尝试总结常见的无人机的类型及特点、无人机在物流行业中的应用优势以及发展前景。

无人机送外卖

问题引导

引导问题1：无人机可应用于哪些领域？

引导问题2：无人机在物流行业中应用的优、劣势分别是什么？

知识准备

本任务的知识图谱如图 7-3-1 所示。

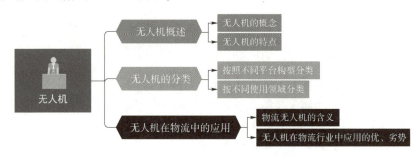

图 7-3-1　项目七任务三的知识图谱

一、无人机概述

1. 无人机的概念

"无人机"是"无人驾驶航空器"（Unmanned Aerial Vehicle，UAV）的简称。无人机是一种机上无人驾驶、自动程序控制飞行和无线电遥控引导飞行、具有执行一定任务的能力、可重复使用的飞行器，如图 7-3-2 所示。

无人机系统

图 7-3-2　无人机

无人机从狭义概念上主要指空中飞行平台，但从无人机装备技术特点上，更侧重"无人机系统"概念。所谓"系统"，是由若干个相互联系、相互作用、相互依存的组成部分（要素）结合而成的、具有特定功能的有机整体，具体从组成上来说，是指"相关部件（子系统）、软件与功能的有机集合"；从技术上来说，是指"具有相互依存功能的机械结构、电器、电子的一种集合"。飞机本身可以作为一个独立系统，而无人驾驶空中飞行器平台通常不是一个独立系统，这正是无人机系统不同于有人驾驶飞机之处。

2. 无人机的特点

1）无机载人员损失

无人机在作战或失事时不会危及飞行员和机组人员。

2）减少设备和减轻重量

由于无人机上没有驾驶人员，因此可省去驾驶舱和人工操纵机构，也可省去有关的人机环境控制及安全救生设备，因此大大减轻了无人机的重量。

3）降低成本，缩短研制周期

无人机内部系统设备比较简洁，减少了大量设备的研制环节，因此研制费用低，也减少了机上驾驶人员的长时期训练，只需训练在地面操作的有关人员，大大缩短了研制周期。

4）更适于执行危险性高、续航时间长的任务

无人机更适于执行危险性高、续航时间长的任务。执行深入敌境任务的突防军用飞机很容易受到敌方的导弹炮火的攻击，无人机更适于执行这类高危险性任务。无人机的质量和体积小，这大大减小了摩擦阻力和升致阻力，能源的消耗也大为减少，因此增加了留空飞行时间。

5）具有更高的机动性

无人机不受人员高速过载和环境的限制。由于无人机上没有驾驶员，战斗机高机动过载引起的驾驶员身体所能承受的生理限制或者引起晕眩误操作的可能性都将不复存在，也不存在缺氧、低温、低气压对机载人员造成的影响。

6）隐蔽性好，相对体积小

由于无人机减少了机载人员、大量设备，其体积明显减小，这便于设计为各种非常规布局、表面积小的飞行器，因此无人机更适于隐身设计，从而增强了突防能力。

7）使用维护方便

无人机机载系统的组成相对比较简单，因此使用维护的程序也大大减少，无人机上的机载设备和部件一旦出现故障还可以进行模块式更换，迅速修好再使用。

8）起飞、着陆容易

中小型无人机无须机场，可采用弹射起飞或手抛起飞方式；大型无人机也可大大缩短起飞与着陆滑跑距离；无人机还可以采用伞降与气囊着陆等手段。

> **学一学**
>
> 扫描二维码查看案例，分析无人机在不同行业中的应用。
>
>

二、无人机的分类

1. 按照不同平台构型来分类

按照不同平台构型，无人机主要分为固定翼无人机、无人直升机和多旋翼无人机三大平台，其他小种类无人机平台还包括伞翼无人机、扑翼无人机和无人飞船等。

（1）固定翼无人机是军用和多数民用无人机的主流平台，其最大特点是飞行速度较快。

（2）无人直升机是灵活性最强的无人机平台，可以原地垂直起飞和悬停。

（3）多旋翼（多轴）无人机是消费级和部分民用用途的首选平台，其灵活性介于固定翼无人机和无人直升机之间（起降需要推力），但操纵简单，成本较低。

2. 按不同使用领域分类

按不同使用领域，无人机可以分为军用、民用和消费级三大类，它们对于无人机的性能要

求各有偏重。

（1）军用无人机对于灵敏度、飞行高度/速度、智能化等有着更高的要求，是技术水平最高的无人机，包括侦察无人机、诱饵无人机、电子对抗无人机、通信中继无人机、靶机和无人战斗机等机型。

（2）民用无人机一般对于速度、升限和航程等要求都较低，但对于人员操作培训、综合成本有较高的要求，因此需要形成成熟的产业链，提供尽可能低廉的零部件和支持服务。目前来看，民用无人机最大的市场在于政府公共服务领域，如警用、消防、气象等领域，占到总需求的约70%，而未来无人机潜力最大的市场可能就在民用方面，新增市场需求可能出现在农业植保、货物速度、空中无线网络、数据获取等领域。

无人机的类别介绍

（3）消费级无人机一般采用成本较低的多旋翼无人机，用于航拍、游戏等休闲用途。

三、无人机在物流中的应用

1. 物流无人机的含义

物流无人机配有 GPS 自控导航系统、GPS 接收器、各种传感器以及无线信号收发装置。

物流无人机具有 GPS 自控导航、定点悬浮、人工控制等多种飞行模式，集成了三轴加速度计、三轴陀螺仪、磁力计、气压高度计等多种高精度传感器和先进的控制算法，同时配有黑匣子，以记录状态信息，还具有失控保护功能，当物流无人机进入失控状态时将自动保持精确悬停，若失控超时则将就近飞往快递集散分点。

物流无人机通过 4G/5G 网络或无线电通信遥感技术与调度中心进行数据传输，实时向调度中心发送地理坐标和状态信息，接收调度中心发送的指令，在接收到目的坐标以后采用 GPS 自控导航模式飞行，到达目的地上空后采用精准降落技术降落。

2. 无人机在物流行业中应用的优、劣势

1）优势

（1）首先，无人机配送相较于传统物流而言，速度快、效率高。这主要是因为无人机采取直线运输，不受地面交通状况影响。

（2）其次，无人机配送具有独特的空间优势，适合在传统物流运作不方便的区域作业，例如在地震灾区配送急救物资，或者在偏远山区、湖区等区域进行物流配送作业。

（3）再次，无人机配送成本远低于传统物流。无人机的主要能源是电力，从环保的角度和经济的角度看其成本都低于汽油，同时无人机对人力的要求低，一名操作员可同时操作十余架无人机。

（4）最后，无人机更适应未来智能物流的发展趋势，根据一项对全球供应链技术的调研报告和专家访谈的数据显示，无人机未来增长趋势迅猛，同时无人机也满足未来智慧物流的感应、互联、智能三方面的主要需求。

2）劣势

（1）首先，无人机的政策环境并不明朗，行业标准也一直空缺，考虑到无人机飞行对居民、民航等方面的影响，各国对无人机飞行的限制很大，难以完全放开，这也是制约无人机发展的主要因素。

（2）其次，无人机的发展属于初级阶段，诸多技术尚未成熟。工业级无人机大多仍为轻小型无人机，在物流行业中仍未产生颠覆性的创新。

（3）最后，无人机的使用需要大量资金投入，这既包括了无人机的研发成本，也包括无人

机自身的生产成本。

学一学

扫描二维码学习无人机在物流领域中应用的实例。

思政园地

无人机在三山岛物流环节中的应用

物流运作的自动化和智能化是大势所趋,无人机物流是这方面的重要代表之一,是先进技术手段与巨大的市场需求相融合的有益尝试。

各大物流和电子商务公司(如亚马逊、DHL、京东、顺丰等)均提出和实施了各自的物流无人机研究计划,虽然多数项目还远未进入实用阶段,甚至有些还停留在初期设计阶段,但是在可预见的将来,物流无人机的应用势必越来越广泛。

由此,在任何新技术应用以及研发的过程中,要注重培养创新的兴趣和好奇心,提高观察力、想象力,敢于质疑,敢于向传统挑战,树立"敢为人先"的精神,发展求异思维,让创新思维闪光。

任务实施

步骤一:无人机的分类

请通过互联网、图书馆等渠道梳理不同种类无人机的优、劣势,并输入表7-3-1。

表7-3-1 不同种类无人机的优、劣势

无人机类型	固定翼无人机	旋转翼无人机	无人直升机	多旋翼无人机
优势				
劣势				
图例				

步骤二：无人机的系统构成及关键技术

（1）请结合所学习的知识，通过互联网、图书馆等渠道总结无人机的系统构成。

（2）请结合所学习的知识，通过互联网、图书馆等渠道总结无人机运行时所需要的关键技术。

任务评价

学生自评表

班级		姓名		学号	
任务名称			无人机		
评价项目（占比）		评价标准		分值	得分
考勤（10%）	无故旷课、迟到、早退（出现一次扣10分）			10	
	请假（出现一次扣2分）				
学习能力（10%）	合作学习能力	小组合作参与程度（优6分，良4分，一般2分，未参与0分）		6	
	个人学习能力	个人自主探究参与程度（优4分，良2分，未参与0分）		4	
工作过程（60%）	无人机的分类	能梳理、总结常见各类无人机的优势（每错一处扣2分）		10	
		能梳理、总结常见各类无人机的劣势（每错一处扣2分）		10	
	无人机的系统构成及关键技术	能准确列出无人机的主要系统构成（每错一处扣5分）		30	
		能准确列出无人机在运行过程中采用的主要关键技术（每错一处扣2分）		10	
工作成果（20%）	成果完成情况	能按规范及要求完成任务环节（未完成一处扣2分）		10	
	成果展示情况	能准确展示无人机的主要系统构成及采用的关键技术（失误一次扣5分）		10	
		得分			

小组自评表

班级				本组组别						
本组成员名单	组长： 组员：									
任务名称			无人机							
评价项目（占比）			评价标准		分值	组别				
						得分	得分	得分	得分	得分
考勤（10%）	无故旷课、迟到、早退（出现一次扣10分）				10					
	请假（出现一次扣2分）									
学习能力（10%）	合作学习能力		小组合作参与程度（优6分，良4分，一般2分，未参与0分）		6					
	个人学习能力		个人自主探究参与程度（优4分，良2分，未参与0分）		4					
	无人机的分类		能梳理、总结常见各类无人机的优势（每错一处扣2分）		10					
			能梳理、总结常见各类无人机的劣势（每错一处扣2分）		10					
	无人机的系统构成及关键技术		能准确列出无人机的主要系统构成（每错一处扣5分）		30					
			能准确列出无人机在运行过程中采用的主要关键技术（每错一处扣2分）		10					
工作成果（20%）	成果完成情况		能按规范及要求完成任务环节（未完成一处扣2分）		10					
	成果展示情况		能准确展示无人机的主要系统构成及采用的关键技术（失误一次扣5分）		10					
			得分							

教师评价表

任务名称		无人机							
授课信息									
班级		组别		姓名		学号			
评价项目（占比）		评价标准		分值	组别				
					得分	得分	得分	得分	得分
考勤（10%）	无故旷课、迟到、早退（出现一次扣10分）			10					
	请假（出现一次扣2分）								
学习能力（10%）	合作学习能力	小组合作参与程度（优6分，良4分，一般2分，未参与0分）		6					
	个人学习能力	个人自主探究参与程度（优4分，良2分，未参与0分）		4					

续表

评价项目（占比）	评价标准		分值	组别				
				得分	得分	得分	得分	得分
学习能力（10%）	无人机的分类	能梳理、总结常见各类无人机的优势（每错一处扣2分）	10					
		能梳理、总结常见各类无人机的劣势（每错一处扣2分）	10					
	无人机的系统构成及关键技术	能准确列出无人机的主要系统构成（每错一处扣5分）	30					
		能准确列出无人机在运行过程中采用的主要关键技术（每错一处扣2分）	10					
工作成果（20%）	成果完成情况	能按规范及要求完成任务环节（未完成一处扣2分）	10					
	成果展示情况	能准确展示无人机的主要系统构成及采用的关键技术（失误一次扣5分）	10					
		得分						

综合评价表

班级		姓名		学号	
自评得分（20%）	小组互评得分（20%）		教师评价得分（60%）		综合得分

评语：

反思总结

在本任务的学习过程中，遇到了哪些困难？这些困难是如何解决的？

项目八　智能港口设备与应用

任务一　走进智慧港口

任务目标

通过本任务的学习，可以达成以下目标。

学习目标	（1）了解典型的港口物流模式； （2）理解港口的功能； （3）掌握港口和港口物流的概念； （4）掌握智慧港口的定义和基本性质。
素质目标	学习榜样人物，培养学生具有忠诚敬业的精神，传承精益求精的工匠精神。

任务引领

大力发展智慧交通，打造"互联网+"高效物流，是落实我国《交通强国建设纲要》，实现基础设施网络化、交通装备自主化、物流运输便利化以及出行服务便捷化的重要手段。

2021年12月21日，东风公司、中国移动、中远海运，3家央企在"云"端共同宣布，将基于上述高科技，联手打造和推动"智慧港口 2.0"在厦门远海码头的商业化运营。厦门远海码头由此成为全国首个实现商业化运营的 5G 全场景应用智慧港口，如图 8-1-1 所示。

"智慧港口 2.0"是在此前"5G 全场景应用"基础上的持续创新开发，推动包括 5G 高/中/低频立体组网、无人集卡开放场景混合运

图 8-1-1　厦门远海码头

行、北斗高精定位与多传感融合、基于 5G 的港机远控改造等关键技术系统性提升，实现智慧港口商业化运营。

未来，应牢牢抓住"五化"发展契机，不断拓展人工智能、大数据、5G 等高新技术的应用，加速智能网联车商业化应用，为传统港口运营模式智慧转型做出更多贡献。

请结合本任务所学知识，借助互联网查阅资料，总结智慧港口的定义、基本性质、现状、发展及应用等。

5G 智慧港口宣传片

问题引导

引导问题 1：港口的功能有哪些？我国有哪些主要港口？

引导问题 2：智慧港口和传统港口有哪些区别？

知识准备

本任务的知识图谱如图 8-1-2 所示。

图 8-1-2　项目八任务一的知识图谱

一、港口概述

1. 港口的概念

港口是位于海、江、河、湖、水库沿岸,具有水陆联运设备以及条件以供船舶安全进出和停泊的运输枢纽,如图 8-1-3 所示。港口是水陆交通的集结点和枢纽,是工农业产品和外贸进出口物资的集散地,也是船舶停泊、装卸货物、上下旅客、补充给养的场所。

中国港口到底有多强?
全球十大港口独占七个,
能为中国带来什么?

图 8-1-3　港口

2. 港口的功能

港口历来在国家的经济发展中扮演着重要的角色。运输将全世界连成一片,而港口是运输中的重要环节。世界上的发达国家一般都具有自己的海岸线和功能较为完善的港口。港口的功能可归纳为以下三个方面。

1)流通功能

港口首先应该为船舶、汽车、火车、飞机、货物、集装箱提供中转、装卸和仓储等综合物流服务,尤其是提供多式联运和流通加工的物流服务。

目前,港口除了具有货物储备和搬运的功能,更多地是利用现代化的信息技能进行现代化的运输、仓储,利用现代化高效的配运方式对货物进行配送,开展现代化运输,将仓储、包装、保税、加工、销售、批发、展览、航运交易以及信息管理等涉及多种环节的功能集成化,用供应链综合系统的功能整合从发货人到收货人的整个物流服务过程,使物流的"门-门"平台得到优化。现代化信息流必然带动港口资金流,也必然带来配套的金融服务要求的提升,进而带动金融业的发展。

2)经济贸易功能

港口历来是境内外贸易的重要中转站,港口的出现大大便利了各种贸易的运输时间,缩短了运输的路程,带动了国家经济贸易往来的开展。

随着经济全球化趋势的加强,国与国之间的经济交往日益密切,现代化的港口便利了国家之间、区域之间贸易的开展,利用港口作为开展贸易的平台,大大提高了国家之间、区域之间的贸易往来,促进了商业繁荣,进而带动了物流业的发展,形成了良性循环,使商贸业进一步发展。

3）综合服务功能

传统的港口主要作为货物装卸基地和中转站，也就是把货物通过港口进行船舶运输或者通过船舶运输转运到其他运输方式的停靠点，通过港口的中转，实现货物的空间转移。

随着经济的发展、临海工业的发展，港口便利的交通运输条件使一些原材料生产企业和产品运量大，需要把港口作为水运条件的企业，直接把港口作为生产基地，进行原材料的配送，进而带动了港口所在城市工业的发展。同时通过港口还可以为港口所在城市提供旅游服务，促进了房地产业的发展及金融等各项业务的开展。现代化的港口已经成为工业、商业、旅游、运输等各项服务于一体的大型服务场所。

> **学一学**
>
> 扫描二维码查看CSP广州南沙码头为中国香港防疫提供强力供应链保障。
>
>

二、港口物流认知

1. 港口物流的概念

港口物流就是以港口的运输和中转为主要功能，实现货物的运输、仓储、配送、加工改装、包装、通关、商检、保险和信息交换等商品全程供应链服务。

港口物流是指中心港口城市利用其自身的口岸优势，以先进的软/硬件环境为依托，强化其对港口周边物流活动的辐射能力，突出港口的集货、存货、配货特长，以临港产业为基础，以信息技术为支撑，以优化港口资源整合为目标，发展具有涵盖物流产业链所有环节特点的港口综合服务体系。港口物流是特殊形态下的综合物流体系，是物流过程中的一个无可替代的重要节点，它完成整个供应链物流系统中基本的物流服务和衍生的增值服务。

2. 典型港口物流模式

世界港口的发展大体经历了三代。

第一代港口的功能定位为纯粹的"运输中心"，主要提供船舶停靠、海运货物的装卸、转运和仓储等服务。

第二代港口的功能定位为"运输中心+服务中心"，除了提供货物的装卸、仓储等服务，还增加了工业和商业活动，使港口具有了货物的增值功能。

第三代港口的功能定位为"国际物流中心"，除了作为海运的必经通道在国际贸易中继续保持有形商品的强大集散功能并进一步提高有形商品的集散效率之外，还具有集有形商品、技术、资本、信息的集散于一体的物流功能。

目前，世界主要港口中第二代港口仍是发展的主流，但随着经济全球化、市场国际化和信息网络化，一些大型港口已经开始向第三代港口转型。

在港口物流的发展过程中，港口物流发展轨迹是一个由成本理念到利润理念再到综合物流服务理念的过程。成本理念追求的是降低物流总成本，利润理念追求的是获取最大利润，而综合物流服务理念则除了追求商品自然流通的效率和费用，还要强化客户服务意识，切实转换经营和管理方式，按现代物流的要求进行整合，以客户为中心进行管理和控制，提供完善的物流服务。

思政园地

中国港口：扬蹄奋进　时不我待

作为全省"新时期产业工人队伍建设改革全面试点单位"，山东港口高度重视技能人才队伍建设，广泛开展各类劳动技能大赛，培育了一大批技艺高超、技能精湛的高素质劳动者，形成了"劳动光荣、技能宝贵、创造伟大"浓厚氛围，为世界一流海洋港口建设积蓄力量。

扫一扫

扫描二维码，学习楷模事迹——山港"状元榜"。

榜样的力量是强大的，我们要争学榜样精神，树立忠诚敬业意识。国家需要"工匠精神"，社会需要"工匠精神"，人人需要"工匠精神"。培养"工匠精神"：要光明磊落，清正廉洁，俯首甘为孺子牛；要爱岗敬业，吃苦耐劳，充分发挥自己的聪明才智，支援国家建设。

三、智慧港口概述

1. 智慧港口的定义

智慧港口是以信息物理系统为框架，通过高新技术的创新应用，使物流供给方和需求方共同融入集疏运一体化系统；极大地提升了港口及其相关物流园区对信息的综合处理能力和对相关资源的优化配置能力；智能监管、智能服务、自动装卸成为其主要呈现形式，并为现代物流业提供高安全、高效率和高品质服务的一类新型港口，如图8-1-4所示。

图8-1-4　智慧港口

2. 智慧港口的基本性质

智慧港口的基本性质主要体现为港口基础设施与装备的现代化、新一代信息技术与港口业务的深度融合化、港口生产运营的智能自动化、港口运营组织的协同一体化、港口运输服务的敏捷柔性化、港口管理决策的客观智慧化。

　　智慧港口的设施配置主要涉及交通运输基础设施网络和信息化基础设施网络以及港口运输装备3个部分，没有基础设施的网络化、数字化，没有港口运输装备的标准化、智能化，就无法实现港口运输要素的全面感知，无法实现云计算、大数据、物联网、移动互联网等新一代信息技术与港口运输核心业务的深度融合，也无法实现港口运输组织和运输管理的创新。

天津港——智慧港口

学一学

扫描二维码，查看粤港澳大湾区首个5G绿色低碳智慧港口（妈湾智慧港开港）。

任务实施

步骤一：智慧港口的现状及发展

请通过搜集资料，梳理、总结智慧港口的现状及发展。

步骤二：智慧港口的应用

请利用互联网搜集资料，举例描述智慧港口的应用。

任务评价

学生自评表

班级		姓名		学号	
任务名称		走进智慧港口			
评价项目（占比）		评价标准		分值	得分
考勤（10%）	无故旷课、迟到、早退（出现一次扣10分）			10	
	请假（出现一次扣2分）				
学习能力（10%）	合作学习能力	小组合作参与程度（优6分，良4分，一般2分，未参与0分）		6	
	个人学习能力	个人自主探究参与程度（优4分，良2分，未参与0分）		4	
工作过程（60%）	智慧港口的现状及发展	能通过观看视频、查找资料，梳理、总结智慧港口的现状及发展（每错一处扣3分）		30	
	智慧港口的应用	能搜集视频、图片等资料，举例描述智慧港口的应用（每错一处扣3分）		30	
工作成果（20%）	成果完成情况	能按规范及要求完成任务环节（未完成一处扣2分）		10	
	成果展示情况	能准确展示智慧港口的现状及发展、应用（失误一次扣5分）		10	
		得分			

小组自评表

班级			本组组别					
本组成员名单	组长： 组员：							
任务名称		走进智慧港口						
评价项目（占比）		评价标准	分值	组别				
				得分	得分	得分	得分	得分
考勤（10%）	无故旷课、迟到、早退（出现一次扣10分）		10					
	请假（出现一次扣2分）							
学习能力（10%）	合作学习能力	小组合作参与程度（优6分，良4分，一般2分，未参与0分）	6					
	个人学习能力	个人自主探究参与程度（优4分，良2分，未参与0分）	4					
工作过程（60%）	智慧港口的现状及发展	能通过观看视频、查找资料，梳理、总结智慧港口的现状及发展（每错一处扣3分）	30					
	智慧港口的应用	能搜集视频、图片等资料，举例描述智慧港口的应用（每错一处扣3分）	30					
工作成果（20%）	成果完成情况	能按规范及要求完成任务环节（未完成一处扣2分）	10					
	成果展示情况	能准确展示智慧港口的现状及发展、应用（失误一次扣5分）	10					
		得分						

教师评价表

任务名称			走进智慧港口					
授课信息								
班级		组别		姓名		学号		
评价项目（占比）	评价标准				分值	组别			
						得分	得分	得分	得分
考勤（10%）	无故旷课、迟到、早退（出现一次扣10分）				10				
	请假（出现一次扣2分）								
学习能力（10%）	合作学习能力	小组合作参与程度（优6分，良4分，一般2分，未参与0分）			6				
	个人学习能力	个人自主探究参与程度（优4分，良2分，未参与0分）			4				
工作过程（60%）	智慧港口的现状及发展	能通过观看视频、查找资料，梳理、总结智慧港口的现状及发展（每错一处扣3分）			30				
	智慧港口的应用	能搜集视频、图片等资料，举例描述智慧港口的应用（每错一处扣3分）			30				
工作成果（20%）	成果完成情况	能按规范及要求完成任务环节（未完成一处扣2分）			10				
	成果展示情况	能准确展示智慧港口的现状及发展、应用（失误一次扣5分）			10				
		得分							

综合评价表

班级		姓名		学号	
自评得分（20%）	小组互评得分（20%）		教师评价得分（60%）		综合得分

评语：

在本任务的学习过程中,遇到了哪些困难?这些困难是如何解决的?

任务二　起重机械设备与应用

任务目标

通过本任务的学习，可以达成以下目标。

学习目标	（1）了解起重机械设备的作用； （2）理解起重机械设备的主要特点； （3）掌握起重机械设备的概念及内涵； （4）掌握起重机械设备的分类。
素质目标	树立安全责任意识，培养学生具有规范作业精神。

任务引领

2021年10月28日上午，世界最大吨位履带起重机——三一SCC98000TM履带起重机（图8-2-1）成功下线，在湖州，三一重工举行了隆重的产品下线交付仪式。

图8-2-1　三一SCC98000TM履带起重机

4 500 t是人类历史上移动起重机的最大起重能力。三一SCC98000TM履带起重机最大起重力矩超过98 000 t/m，最大起重量为4 500 t，相当于一次能吊起3 000多辆小轿车，两项核心数据均超过目前世界上所有同类产品。

在三一重工国际化战略的指引下，今年上半年，三一起重机海外销售收入同比增长133%。其中，三一履带式起重机的销量同比增长306%，全球市场占有率攀升至41%，成为中国制造的又一项"单一产品冠军"。

科技兴则民族兴，科技强则国家强。只有站上科技发展的前沿阵地，不断创新突破，掌握核心技术，将大国重器牢牢掌握在自己手上，才有底气笑对世界风云变幻，才有信心实现中华民族伟大复兴的中国梦。

请结合本任务所学知识，借助互联网查阅资料，总结起重机械设备的特点、作用、分类以及安全操作规范等。

2 000 t级集装箱起重机，大型龙门吊是这样工作的

项目八　智能港口设备与应用

问题引导

引导问题1：什么是起重机械设备？起重机械设备在物流作业中有什么作用？

引导问题2：起重机械设备有哪些种类？它们分别适用于哪些作业场合？

知识准备

本任务的知识图谱如图8-2-2所示。

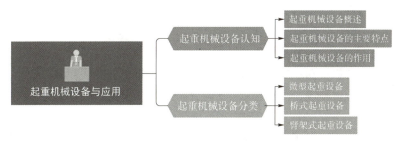

图8-2-2　项目八任务二的知识图谱

一、起重机械设备认知

1. 起重机械设备概述

起重机械亦可称为起重机械设备，是工业、交通、建筑企业实现生产过程机械化、自动化、减轻繁重的体力劳动，提高劳动生产率的重要工具和设备。我国已拥有大量各式各样的起重机械设备，如图8-2-3所示。高校实验室中的起重机械设备虽数量不多、起重吨位不大，但由于使用频率不高，其维护保养及安全运行显得更为重要。

起重机械设备是一种以间歇作业方式对物料进行起升、下降、水平移动的搬运机械，其作业通常带有重复循环的性质。随着科学技术和生产的发展，起重机械设备在不断地完善和发展之中，先进的电气、光学、计算机技术在起重机械设备上得到应用，其趋向是提高自动化程度、工作效率和使用性能，使操作更简化、更省力和更安全可靠。

· 217 ·

图 8-2-3　起重机械设备

学一学

扫描二维码查看起重装卸技术设备发展史。

2. 起重机械设备的主要特点

（1）起重机械设备通常结构庞大，机构复杂，能完成起升运动、水平运动。例如，桥式起重机能完成起升、大车运行和小车运行3个运动；门座起重机能完成起升、变幅、回转和大车运行4个运动。在作业过程中，常常是几个不同方向的运动同时操作，技术难度较大。

（2）起重机械设备所吊运的重物多种多样，载荷是变化的。有的重物重达几百吨乃至上千吨，有的物体长达几十米，形状也很不规则，包括散粒物品、热熔状态物品、易燃易爆危险物品等，吊运过程复杂而危险。

（3）大多数起重机械设备需要在较大的空间范围内运行，有的需要装设轨道和车轮（如塔吊、桥吊等）；有的需要装上轮胎或履带以便在地面上行走（如汽车吊、履带吊等）；有的需要在钢丝绳上行走（如客运、货运架空索道），活动空间较大。

（4）有的起重机械设备需要直接载运人员在导轨、平台或钢丝绳上做升降运动（如电梯、升降平台等），其可靠性直接影响人身安全。

（5）起重机械设备包含较多暴露的、活动的零部件，且常与吊运作业人员直接接触（如吊钩、钢丝绳等），潜在许多偶发的危险因素。

（6）作业环境复杂。从大型钢铁联合企业到现代化港口、建筑工地、铁路枢纽、旅游胜地，都有起重机械设备在运行；其作业场所常含有高温、高压、易燃易爆、输电线路、强磁等危险因素，对设备和作业人员形成威胁。

（7）起重作业常常需要多人配合，共同进行。一个操作，要求指挥、捆扎、驾驶等作业人员配合熟练、动作协调、互相照应。作业人员应有处理现场紧急情况的能力。多个作业人员之间的密切配合通常存在较大的难度。

3. 起重机械设备的作用

（1）提高装卸搬运效率，节约劳动力，降低劳动强度，改善劳动条件。
（2）缩短作业时间，加速车辆周转，加快货物的送达和发出。
（3）提高装卸质量，保证货物的完整和运输安全。
（4）降低装卸搬运成本。
（5）充分利用货位，加速货位周转，减小堆码的场地面积。

> **学 一 学**
>
> 扫描二维码查看起重装卸技术设备发展趋势。
>
>

二、起重机械设备分类

起重机械设备按其结构及运动方式可分为三大类：微型起重设备、桥式起重设备、臂架式起重设备。

1. 微型起重设备

微型起重设备一般只有一个升降机构，如千斤顶（图 8-2-4）、电动葫芦（图 8-2-5）、卷扬机。

图 8-2-4 千斤顶

图 8-2-5 电动葫芦

千斤顶主要用于厂矿、交通运输等部门作为车辆修理及其他起重、支撑等工具。其结构轻巧坚固、灵活可靠，一人即可携带和操作。千斤顶是用刚性顶举件作为工作装置，通过顶部托座或底部托爪在小行程内顶升重物的轻小起重设备。

千斤顶按工作原理分类如下。
（1）螺旋千斤顶：采用螺杆或由螺杆推动的升降套筒作为刚性顶举件的千斤顶。
（2）齿条千斤顶：采用齿条作为刚性顶举件的千斤顶。

（3）油压千斤顶：采用柱塞或液压缸作为刚性顶举件的千斤顶。

> **学一学**
>
> 扫描二维码查看千斤顶的正确使用方法。
>
>

电动葫芦，简称电葫芦，由电动机、传动机构和卷筒或链轮组成，分钢丝绳电动葫芦和环链电动葫芦两种。

电动葫芦通常用自带制动器的鼠笼型锥形转子电动机驱动，起重量一般为 0.1~80 t，起升高度为 3~30 m。多数电动葫芦由人用按钮在地面跟随操纵，也可在司机室内操纵或以有线（无线）方式远距离控制。电动葫芦除可单独使用外，还可同手动、链动或电动小车装配在一起，悬挂在建筑物的顶棚或起重机的梁上使用。

2. 桥式起重设备

桥式起重机是横架于车间、仓库和料场上空进行物料吊运的桥式起重设备，如图 8-2-6 所示。它的两端坐落在高大的水泥柱或者金属支架上，形状似桥。桥式起重机的桥架沿铺设在两侧高架上的轨道纵向运行，可以充分利用桥架下面的空间吊运物料，不受地面设备的阻碍。桥式起重机是使用范围最广、数量最多的一种起重机械设备，一般适用于车间、仓库、露天堆场等场所。

桥式起重机按桥架结构分单梁桥式起重机和双梁桥式起重机。

单梁桥式起重机具有一根主梁，主梁多采用工字钢或型钢与钢板的组合截面，如图 8-2-7 所示，分为手动、电动两种。

图 8-2-6　桥式起重机

图 8-2-7　单梁桥式起重机

手动单梁桥式起重机采用手动单轨小车作为运行小车，用手拉葫芦作为起升机构，工作速度较低，起重量也较小，成本低，适用于无电源或搬运量不大，对速度与生产率要求不高的场合。

电动单梁桥式起重机由桥架、大车运行机构、电动葫芦、电气设备等部分组成，工作速度、生产率较高，起重量也较大。

双梁桥式起重机具有两根主梁，特别适合大悬挂跨度和大起重量的平面范围物料输送，如图 8-2-8 所示。

图 8-2-8　双梁桥式起重机

3. 臂架式起重设备

门座式起重机如图 8-2-9 所示。它是装在沿地面轨道行走的门形底座上的全回转臂架起重机，是码头前沿的通用起重机械设备之一。门座起重机的工作地点相对比较固定，可以较高的生产率完成船-岸、船-车、船-船等多种装卸作业。

图 8-2-9　门座式起重机

典型地面动臂式起重机分为履带起重机、汽车起重机、轮胎式起重机。

（1）履带起重机：装在履带运行底盘上的全回转悬臂起重机，多用于野外作业和工地作业。其优点是接触地面面积大，有较大的爬坡能力，通过性能好，转弯半径小，甚至可以原地转弯。其缺点在于行走速度慢，对地面有破坏作用。

（2）汽车起重机：在通用或专用的载货汽车底盘上装上起重工作装置及设备的全回转悬臂起重机。

(3) 轮胎式起重机：将起重工作装置和设备装设在专门设计的轮胎底盘上的全回转悬臂起重机。

> **思政园地**
>
> **筑牢安全生产防线：桥式起重机操作的日常培训**
>
> 在桥式起重机的工作过程中，工作人员指挥不当，缺乏经验，考虑不周，货物捆绑不牢，或司机操作不合理，精神不集中，带病工作或设备有未被排除的故障，都可能造成人身或设备事故。因此，经常对员工进行安全教育是很有必要的。
>
> 为了保证员工能够正确操作和使用桥式起重机，保障员工人身安全，创佳集团生产部组织车间所有员工进行桥式起重机操作培训，由生产部经理担任培训讲师。在培训中，几位对桥式起重机有丰富操作使用经验的员工也讲解了自己在操作和使用桥式起重机方面的心得和技巧。
>
> 我们必须深刻认识到安全风险管理的重要性，真正树立生命至高无上、重于一切的安全意识，切实增强作业人员的安全意识，保障安全生产有序可控。
>
> 古人说"君人慎独"，讲得就是君子在没有人监督自己的时候也一样严格要求自己——有人在的时候严于律己，没有人在的时候也是如此。应该让讲安全成为一种习惯和自然而然的行为。

任务实施

步骤一：起重机械设备的常用属具

起重机械设备工作时需要与其他工具配合使用，请利用互联网搜集资料，梳理、总结起重机械设备的常用属具。

步骤二：起重机械设备的配置与选型

（1）选用起重机械设备时，应考虑起重机械设备的性能（即作业能力、使用的方便性、吊装效率）、吊装工程量和工期等要求，请总结起重机械设备配置的总体原则。

（2）请查阅资料，总结、描述配置、选择起重机械设备的前期准备工作。

步骤三：起重机械设备的安全管理

为了避免安全事故的发生，请问应该如何加强起重机械设备的安全管理？

任务评价

学生自评表

班级		姓名		学号	
任务名称		起重机械设备与应用			
评价项目（占比）		评价标准		分值	得分
考勤（10%）	无故旷课、迟到、早退（出现一次扣10分）			10	
	请假（出现一次扣2分）				
学习能力（10%）	合作学习能力	小组合作参与程度（优6分，良4分，一般2分，未参与0分）		6	
	个人学习能力	个人自主探究参与程度（优4分，良2分，未参与0分）		4	
工作过程（60%）	起重机械设备的常用属具	能梳理、总结起重机械设备的常用属具。（每错一处扣3分）		20	
	起重机械设备的配置与选型	能梳理、总结起重设备选用配置总体原则以及选择的前期准备工作。（每错一处扣3分）		20	
	起重机机械设备的安全管理	能通过查看视频、查找资料，梳理、总结起重机械设备的安全操作规范。（每错一处扣3分）		20	
工作成果（20%）	成果完成情况	能按规范及要求完成任务环节（未完成一处扣2分）		10	
	成果展示情况	能准确展示起重机械设备的常用属具、选型配置的原则和准备工作以及安全操作规范。（失误一次扣5分）		10	
		得分			

小组自评表

班级				本组组别					
本组成员名单	组长： 组员：								
任务名称			起重机械设备与应用						
评价项目 （占比）		评价标准			分值	组别			
						得分	得分	得分	得分
考勤 （10%）	无故旷课、迟到、早退（出现一次扣10分）				10				
	请假（出现一次扣2分）								
学习能力 （10%）	合作学习能力	小组合作参与程度（优6分，良4分，一般2分，未参与0分）			6				
	个人学习能力	个人自主探究参与程度（优4分，良2分，未参与0分）			4				
	起重机械设备的常用属具	能梳理、总结起重机械设备的常用属具。（每错一处扣3分）			20				
	起重机械设备的配置与选型	能梳理、总结起重设备选用配置总体原则以及选择的前期准备工作。（每错一处扣3分）			20				
	起重机机械设备的安全管理	能通过查看视频、查找资料，梳理、总结起重机械设备的安全操作规范。（每错一处扣3分）			20				
工作成果 （20%）	成果完成情况	能按规范及要求完成任务环节（未完成一处扣2分）			10				
	成果展示情况	能准确展示起重机械设备的常用属具、选型配置的原则和准备工作以及安全操作规范。（失误一次扣5分）			10				
得分									

教师评价表

任务名称			起重机械设备与应用						
授课信息									
班级		组别		姓名		学号			
评价项目 （占比）		评价标准			分值	组别			
						得分	得分	得分	得分
考勤 （10%）	无故旷课、迟到、早退（出现一次扣10分）				10				
	请假（出现一次扣2分）								
学习能力 （10%）	合作学习能力	小组合作参与程度（优6分，良4分，一般2分，未参与0分）			6				
	个人学习能力	个人自主探究参与程度（优4分，良2分，未参与0分）			4				
	起重机械设备的常用属具	能梳理、总结起重机械设备的常用属具。（每错一处扣3分）			20				

续表

评价项目（占比）	评价标准		分值	组别			
				得分	得分	得分	得分
学习能力（10%）	起重机械设备的配置与选型	能梳理、总结起重机械设备选用配置总体原则以及选择的前期准备工作。（每错一处扣3分）	20				
	起重机机械设备的安全管理	能通过查看视频、查找资料，梳理、总结起重机械设备的安全操作规范（每错一处扣3分）	20				
工作成果（20%）	成果完成情况	能按规范及要求完成任务环节（未完成一处扣2分）	10				
	成果展示情况	能准确展示起重机械设备的常用属具、选型配置的原则和准备工作以及安全操作规范。（失误一次扣5分）	10				
得分							

综合评价表

班级		姓名		学号	
自评得分（20%）		小组互评得分（20%）		教师评价得分（60%）	综合得分

评语：

反思总结

在本任务的学习过程中，遇到了哪些困难？这些困难是如何解决的？

任务三 集装箱装卸搬运设备与应用

任务目标

通过本任务的学习，可以达成以下目标。

学习目标	（1）了解集装箱的分类； （2）理解集装箱装卸搬运设备的结构； （3）掌握集装箱的定义、规格； （4）掌握集装箱装卸搬运设备的特点及适用场景。
素质目标	树立绿色环保意识，培养学生具有勇于探索的科技创新精神。

任务引领

2021年12月2日，"海蓝鲸"等4条外贸船舶与"惠义"等4条内贸船舶，在山东港口烟台港国际集装箱码头首尾相望、同框作业，这是继烟台港连创单月集装箱吞吐量和单月外贸集装箱吞吐量历史新高，分别同比高速增长12%、16%以来，再度刷新单作业区同时在泊装卸8条集装箱船的数量之最，标志着烟台港服务带动城市区域经济发展能力持续升级，集装箱内外贸业务一体化运营再上新高度。

山东港口进入全面融合发展新阶段以来，烟台港持续加快"一五八六"管理体制和生产经营体制改革攻坚步伐，立足都市港口定位，优化港区功能布局，通过集装箱业务一体化运营为特色发展赋能，将芝罘湾港区外贸航线、外贸内支线、内贸南北干线及内贸支线统一整合到国际集装箱码头进行集成化操作，全方位优化集装箱泊位、堆场、设备、机械、人员等生产要素配置，快速形成"传统集装箱业务与散改集业务齐头并进、外贸业务与内贸业务协同发展"的良好发展态势。

下一步，山东港口烟台港将以习近平总书记"在服务和融入新发展格局上走在前"重要指示精神作为做好一切工作的总遵循、总定位、总航标，发扬山东港口"五种精神"，聚焦聚力"特色发展、错位发展、弯道超越"奋斗目标，持续提升市场主体意识、服务提升意识、平台开放意识、链式思维意识，以全新的精神面貌、锐意的改革魄力、昂扬的奋斗姿态全力冲刺、决战决胜全年各项任务目标，交出烟台港"十四五"开局之年的高分答卷，为助力山东港口加快建设世界一流的海洋港口汇聚磅礴力量。

山东港口青岛港全自动化码头流程介绍

请结合本任务所学知识，借助互联网查阅资料，总结集装箱的定义、规格、分类以及集装箱装卸搬运设备等。

项目八 智能港口设备与应用

问题引导

引导问题 1：集装箱有哪些规格和种类？

引导问题 2：集装箱在现代物流中产生了哪些深远影响？

知识准备

本任务的知识图谱如图 8-3-1 所示。

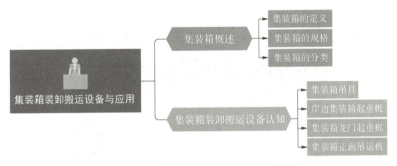

图 8-3-1 项目八任务三的知识图谱

一、集装箱概述

1. 集装箱的定义

集装箱是能装载包装货或非包装货进行运输，并便于用机械设备进行装卸搬运的一种成组工具，如图 8-3-2 所示。

ISO 关于集装箱的标准定义如下。
集装箱是这样一种运输设备：
（1）具有足够的强度，能长期反复使用；

图 8-3-2 集装箱

· 227 ·

(2) 适合一种或多种方式运输,途中转运时,箱内货物不必换装;

(3) 可进行快速搬运和装卸,特别便于从一种运输方式转移为另一种运输方式;

(4) 便于货物装满或卸空;

(5) 具有 1m³ 或以上的容积。这一术语不包括车辆和一般包装。

2. 集装箱的规格

ISO 集装箱标准尺寸:宽度相同(2 438 mm),长度有 4 种(A 类:12 192 mm;B 类:9 125 mm;C 类:6 085 mm;D 类:2 991 mm),高度有 4 种(2 896 mm、2 591 mm、2 438 mm、<2 438 mm),共 3 个系列 13 种规格。

标准箱(TEU)是长为 20 ft[①] 的集装箱。

40 ft 集装箱=2 个标准箱;30 ft 集装箱=1.5 个标准箱;10 ft 集装箱=0.5 个标准箱。

我国集装箱标准:按重量分成 5 t、10 t、20 t、30 t 四种,相应型号为 5D、10D、1CC、1AA。5 t 和 10 t 集装箱主要用于国内运输;20 t 和 30 t 集装箱主要用于国际运输。

3. 集装箱的分类

根据用途,集装箱一般分为 7 类。

1)杂货集装箱

杂货集装箱是一种通用集装箱,可运输除液体货、冷藏货及特殊货以外其他任何货物。杂货集装箱采用封闭式结构,在端部或侧面开门。杂货集装箱占全部集装箱总数的 70%~80%。

2)散货集装箱

散货集装箱是运输散装货物的封闭式集装箱。散货集装箱有玻璃钢制和钢制两种,前者强度大,用于装载麦芽、化学品等密度较大的货物;后者用于装载谷物等密度较小的货物。

3)冷藏集装箱

冷藏集装箱用于运载需保冷、防腐的食品及化学品。根据制冷方式,冷藏集装箱分为两种:机械式冷藏集装箱和离合式冷藏集装箱。

4)开顶集装箱

开顶集装箱是没有刚性箱顶的集装箱,如图 8-3-3 所示。其顶部是由可折叠或可拆卸的顶梁支撑的帆布、塑料布或涂塑布等制成的顶篷,适用于装载大型和重型货物。

图 8-3-3 开顶集装箱

5)框架集装箱

框架集装箱没有顶和侧壁,箱端也可拆卸,便于长大笨重件的装卸。其特点是密封性差、箱底厚(便于应力的扩散)。

---

① 1 ft=0.304 8 m。

6）罐式集装箱

罐式集装箱适用于运输液体货物。其由罐体和箱体框架两部分组成。罐体保温、罐内加热，罐体上、下分别设有进、出液口，如图8-3-4所示。

图 8-3-4　罐式集装箱

7）动物集装箱

动物集装箱是用于运输动物等活体的具有特殊结构的集装箱。

学一学

扫描二维码查看集装箱的使用管理。

二、集装箱装卸搬运设备认知

1. 集装箱吊具

集装箱吊具如图8-3-5所示，分为不可伸缩的固定式吊具和伸缩式吊具两种。

实拍港口集装箱装卸

图 8-3-5　集装箱吊具

1）固定式吊具

（1）直接吊装式吊具是20 ft或40 ft集装箱专用吊具，通过吊具上液压装置的转动旋锁装置直接与角配件连接或松脱。其特点是结构简单、重量小。直接吊装式吊具只适用于起吊一定尺寸的集装箱。起吊不同尺寸的集装箱时必须更换吊具。

（2）吊梁式吊具（可更换吊具）将专门制作的吊梁悬挂在起升钢丝绳上，只需更换各种集装箱专用吊具（液压装置装在吊具上）即可起吊各种不同尺寸的集装箱。

（3）组合式吊具由两种不同规格的吊具组合在一起并可快速拆装。液压旋锁装置装在 20 ft 吊具上，起吊 40 ft 集装箱时将 40 ft 专用吊具作为从吊具附加在 20 ft 主吊具上即可。

2）伸缩式吊具

伸缩式吊具的吊架可伸缩，可适应不同规格的集装箱吊运，吊具的伸缩由司机操纵。其变换时间短，自重大，能实现快装快卸，用途广泛。

学一学

扫描二维码查看集装箱吊具的主要部件。

2. 岸边集装箱起重机

岸边集装箱起重机由前、后两片门框和拉杆构成的门架及支承在门架上的桥架组成，行走小车沿着桥架上的轨道用专用吊具吊运集装箱，门架可沿着与岸线平行的轨道行走，以便调整作业位置和对准箱位，如图 8-3-6 所示。

图 8-3-6　岸边集装箱起重机

学一学

扫描二维码查看岸边集装箱起重机主要技术参数的确定。

3. 集装箱龙门起重机

集装箱龙门起重机专门用于集装箱货场堆码，按其行走部分不同可分为轨道式和轮胎式两种。

1）轨道式集装箱龙门起重机

轨道式集装箱龙门起重机由两片双悬臂的门架组成，两侧门腿用下横梁连接，两侧悬臂用上横梁连接，门架通过大车运行机构在地面铺设的轨道上行走，如图8-3-7所示。

图 8-3-7 轨道式集装箱龙门起重机

2）轮胎式集装箱龙门起重机

轮胎式集装箱龙门起重机由前、后两片门框和底梁组成门架，支撑在橡胶充气轮胎上，以便在货场上行走，而装有集装箱吊具的行走小车沿着门框横梁上的轨道行走，用以装卸底车和进行堆码作业，如图8-3-8所示。

图 8-3-8 轮胎式集装箱龙门起重机

轮胎式集装箱龙门起重机主要有起升、小车行走、大车运行机构，并设有吊具回转装置和减摇装置。吊具回转装置使吊具能在水平面内小范围回转（通常为±5°），以便吊具对准集装箱锁孔。吊具减摇装置则要在前、后左右两方向上衰减，以防止吊具和集装箱摆动。

轮胎式集装箱龙门起重机适用于场地面积有限，集装箱吞吐量较大的水陆联运码头，一般可跨6列和1条车道，可堆3~4层。轮胎式龙门起重机跨距内的集装箱和车道的布置有以下两种形式。

（1）通道安排在中间的布置形式：底盘车通道放在中间，两边各排3列集装箱。

（2）通道安排在边上的布置形式：底盘车通道放在一边，集装箱放在一边。

4. 集装箱正面吊运机

集装箱正面吊运机是通过改变可伸缩动臂的长度和角度，实现集装箱装卸和堆垛作业的搬运车辆。其与集装箱叉车相比，具有自重小、视野好、机动性好、设备投资小等优点，如图8-3-9所示。

智能物流设备与应用

图 8-3-9　集装箱正面吊运机　　　　　　　　　　　绿色智慧港口——江苏港

思政园地

集装箱公司绿色港口进行时：智慧赋能，绿色发展！

自成立以来，集装箱公司深入践行生态文明思想，全面贯彻习近平总书记"志在万里，努力打造世界一流的智慧港口、绿色港口"的重要指示，牢固树立"创新、协调、绿色、开放、共享"的新发展理念，严格执行江苏省港口集团《绿色港口建设三年行动实施意见》工作部署和要求，持续坚持"抓创新、争一流"工作总基调，全力推行"四个坚持"的工作举措，大力探索创新创效，厚植广大干部职工积极参与绿色港口创建工作的行动自觉，有力促进集装箱码头绿色港口建设落地生根。

集装箱公司以"四个着力"做到强弱项、补短板；着力解决清洁能源占比不足问题，着力提升码头船舶岸电使用率，着力推进绿色生态业务新模式，着力实施科技创新驱动。

由此可见，无论是大型企业还是中小型企业，必须具备环保意识，必须认识到自己肩负的责任，起到表率和行业带动作用，切实担负起企业的社会责任，着眼于长远利益和社会使命，转变观念，协同运作，在经营决策时综合考虑短期利益和长远利益，将经济效益和社会效益放在同样高度，并将这样的理念贯彻到企业运作的各个环节，并用于创新。

任务实施

步骤一：集装箱的操作与管理

（1）请利用互联网搜集资料，梳理、总结集装箱码头各类货物的装箱操作流程和注意事项。
① 纸箱货的装箱操作流程。

②桶装货的装箱操作流程。

③木箱货的装箱操作流程。

④各种车辆的装箱操作流程。

（2）请利用互联网搜集资料，梳理、总结集装箱装卸工艺系统的操作流程。

步骤二：集装箱的港口装卸作业方式
请查阅资料，梳理、总结集装箱在港口的装卸作业方式。

任务评价

学生自评表

班级		姓名		学号	
任务名称		集装箱装卸搬运设备与应用			
评价项目（占比）	评价标准			分值	得分
考勤（10%）	无故旷课、迟到、早退（出现一次扣10分）			10	
	请假（出现一次扣2分）				
学习能力（10%）	合作学习能力	小组合作参与程度（优6分，良4分，一般2分，未参与0分）		6	
	个人学习能力	个人自主探究参与程度（优4分，良2分，未参与0分）		4	
工作过程（60%）	集装箱的操作与管理	能梳理、总结集装箱码头纸箱货、桶装货、木箱货等不同货物的装箱操作流程和注意事项（每错一处扣3分）		35	
		能梳理、总结集装箱装卸工艺系统的操作流程（每错一处扣3分）		15	
	集装箱的港口装卸作业方式	能查找资料，梳理、总结集装箱的港口装卸作业方式（每错一处扣5分）		10	
工作成果（20%）	成果完成情况	能按规范及要求完成任务环节（未完成一处扣2分）		10	
	成果展示情况	能准确展示集装箱不同货物的装箱作业流程及注意事项、装卸工艺系统的操作流程。（失误一次扣5分）		10	
得分					

小组自评表

班级			本组组别		
本组成员名单	组长： 组员：				
任务名称	集装箱装卸搬运设备与应用				
评价项目（占比）	评价标准		分值	组别	
				得分 | 得分 | 得分 | 得分 | 得分	
考勤（10%）	无故旷课、迟到、早退（出现一次扣10分）		10		
	请假（出现一次扣2分）				
学习能力（10%）	合作学习能力	小组合作参与程度（优6分，良4分，一般2分，未参与0分）	6		
	个人学习能力	个人自主探究参与程度（优4分，良2分，未参与0分）	4		

项目八　智能港口设备与应用

续表

评价项目（占比）	评价标准		分值	组别				
				得分	得分	得分	得分	得分
学习能力（10%）	集装箱的操作与管理	能梳理、总结集装箱码头纸箱货、桶装货、木箱货等不同货物的装箱操作流程和注意事项（每错一处扣3分）	35					
		能梳理、总结集装箱装卸工艺系统的操作流程（每错一处扣3分）	15					
	集装箱的港口装卸作业方式	能查找资料，梳理、总结集装箱的港口装卸作业方式（每错一处扣5分）	10					
工作成果（20%）	成果完成情况	能按规范及要求完成任务环节（未完成一处扣2分）	10					
	成果展示情况	能准确展示集装箱不同货物的装箱作业流程及注意事项、装卸工艺系统的操作流程。（失误一次扣5分）	10					
得分								

教师评价表

任务名称	集装箱装卸搬运设备与应用							
授课信息								
班级		组别		姓名		学号		

评价项目（占比）	评价标准		分值	组别				
				得分	得分	得分	得分	得分
考勤（10%）	无故旷课、迟到、早退（出现一次扣10分）		10					
	请假（出现一次扣2分）							
学习能力（10%）	合作学习能力	小组合作参与程度（优6分，良4分，一般2分，未参与0分）	6					
	个人学习能力	个人自主探究参与程度（优4分，良2分，未参与0分）	4					
	集装箱的操作与管理	能梳理、总结集装箱码头纸箱货、桶装货、木箱货等不同货物的装箱操作流程和注意事项（每错一处扣3分）	35					
		能梳理、总结集装箱装卸工艺系统的操作流程（每错一处扣3分）	15					
	集装箱的港口装卸作业方式	能查找资料，梳理、总结集装箱的港口装卸作业方式（每错一处扣5分）	10					
工作成果（20%）	成果完成情况	能按规范及要求完成任务环节（未完成一处扣2分）	10					
	成果展示情况	能准确展示集装箱不同货物的装箱作业流程及注意事项、装卸工艺系统的操作流程。（失误一次扣5分）	10					
得分								

综合评价表

班级		姓名		学号	
自评得分（20%）		小组互评得分（20%）		教师评价得分（60%）	综合得分

评语：

反思总结

在本任务的学习过程中，遇到了哪些困难？这些困难是如何解决的？

参考答案

参 考 文 献

[1] 杨云燕，马爱鲜，马云辉．智慧物流中的仓储及配送中相关的智能技术探究 [J]．计算机产品与流通，2020，10：187．
[2] 阿里研究院．当货物觉醒新零售环境下智慧物流报告．2017．
[3] 李建新，师锦航，李国钧，等．AGV 技术应用分析 [J]．汽车实用技术，2018．
[4] 祁庆民．在机遇中创新发展——2013 年中国物流装备市场回顾与 2014 年展望（下）：自动化立体库：技术创新发展市场稳步扩大 [J]．物流技术与应用，2014，4：62-64．
[5] 物流信息互通共享技术及应用国家工程实验室，圆通研究院．无人机现在与未来前景解析与快递物流业应用．2017．
[6] 艾瑞咨询．中国物流科技行业研究报告．2017．
[7] 王鹏程，王娜．自动化立体仓库仓储管理系统的开发 [J]．科技信息，2014，31：98-125．